碧海丹心

黄震中教授诞辰百年纪念文集

黄震中教授诞辰百年纪念文集编委会 ◎ 编

西北工业大学出版社

西　安

图书在版编目（CIP）数据

碧海丹心：黄震中教授诞辰百年纪念文集 / 黄震中教授诞辰百年纪念文集编委会编．—西安：西北工业大学出版社，2020.11（2022.11重印）
　ISBN 978-7-5612-7164-3

　Ⅰ.①碧⋯　Ⅱ.①黄⋯　Ⅲ.①黄震中–纪念文集　Ⅳ.①K825.46-53

中国版本图书馆CIP数据核字（2020）第212733号

BIHAI DANXIN：HUANGZHENZHONG JIAOSHOU DANCHEN BAINIAN JINIAN WENJI
碧 海 丹 心：黄 震 中 教 授 诞 辰 百 年 纪 念 文 集

责任编辑：查秀婷　肖　莎	策划编辑：查秀婷	
责任校对：王梦妮　呼延天慧	装帧设计：李　飞	
出版发行：西北工业大学出版社		
通信地址：西安市友谊西路127号	邮　　编：710072	
电　　话：（029）88491757，88493844		
网　　址：www.nwpup.com		
印 刷 者：西安浩轩印务有限公司		
开　　本：787 mm×1 092 mm	1/16	
印　　张：14	插　　页：12	
字　　数：253千字		
版　　次：2020年11月第1版	2022年11月第3次印刷	
定　　价：56.00元		

如有印装问题请与出版社联系调换

黄震中在重庆中央大学
（1942年）

黄震中在美国衣阿华州立大学获得硕士学位
（1948年12月）

黄震中建立三系期间的照片
（1957年）

黄震中等在哈尔滨军事工程学院
（1956年，右起：黄震中，葛世炯，叶祖荫，刘钰，王祖荫，刘冠勋，康沫狂）

黄震中在莫斯科列宁墓前
（1958年）

黄震中在中国驻苏联莫斯科大使馆
（1958年）

黄震中与苏联专家组组长札阿洛夫教授合影
（1959年）

黄震中及三系教师和学生与苏联专家索洛维耶夫教授在一起
（1959年）

黄震中与三系的领导和教师们

黄震中为全国青少年航空夏令营的学生们签名

黄震中在中国民主同盟西工大支部、九三学社西工大直属小组欢迎新成员大会上讲话

黄震中和三系的同事们

黄震中主持水中兵器编委会工作会议

（1989年）

西工大航海工程学院成立

（1989年）

黄震中在天安门城楼
（1993年）

黄震中晚年工作照

碧海
丹心

《水中兵器系诞生和成长过程中的片段回忆》
（黄震中手稿）

《黄震中就三系定点回归西工大问题写给王震副总理的信》
（黄震中手稿）

黄震中教授诞辰百年纪念文集编委会

主　编：潘　光　孙华强

副主编：曾向阳　杨坤德　崔荣鑫　王银涛　李　娜

编　委：席　杰　李　娅

顾　问：（按姓氏笔画排序）

　　　　马远良　王育才　李保义　徐德民　黄建国

　　　　崔景元　傅恒志

黄震中教授：我国水中兵器教育事业奠基人

黄震中（1920—1997），水中兵器总体及力学家和教育家。长期从事机械设计、鱼雷总体设计、鱼雷流体力学、航行力学以及结构力学的教学和研究工作，创建了我国高校唯一的水中兵器学科，为我国国防科技和教育事业做出了重大贡献，是我国水中兵器教育事业奠基人。曾获得"献身国防科技事业"荣誉证书、"从事高教科技工作40年成绩显著"荣誉证书、"有突出贡献专家"称号等多项荣誉和称号。

青年时期的黄震中刻苦求知，立志报国。中学毕业后，他满怀"科学救国"的鸿志，从宁夏千里迢迢前往重庆中央大学求学，毕业之后便投入到大渡口钢铁厂的工作中，积极为支援抗战贡献自己的力量。抗战胜利后，为学习西方先进科学技术，探索民族富强之路，改变中国工业和科学技术的落后现状，他毅然前往美国衣阿华州立大学学习并取得硕士学位。学成后，他放弃美国的优越生活，回到兰州工业研究所工作，并在兰州大学任教。兰州解放时，他组织兰州工业研究所全体人员认真保护好所有资产，并将其完整移交给人民解放军代表。

新中国成立后，百业待兴，国防建设亟待加强，黄震中受命开始筹建我国普通高校唯一的水中兵器系。他从无到有，制订了我国第一个水中兵器专业教学计划，撰写了我国第一部有关鱼雷总体设计的教材，培养了我国第一代鱼雷总体设计人才，建立起完整的水中兵器学科体系，开创了中国普通高校系统进行水中兵器高层次人才培养的先河。他十分重视教师队伍培养、实验室基地和教材建设，培养出了两位中国工程院院士，撰写了《鱼雷总体设计》等经典专业著作和参考书。

在水中兵器系建立后，黄震中承担起鱼雷总体设计的重任，一方面消化吸收国际相关研究成果，另一方面认真研究与鱼雷总体设计紧密相关的关键技术，并系统地总结鱼雷在生产、试验和科研中出现的问题和经验，建立起鱼雷总体设计体系，成为我国鱼雷总体设计技术的重要奠基人。

黄震中十分重视科学研究，从建系起就领导全系开展了广泛深入的科研工作，承担国家重点型号研制和科研攻关任务，取得重要成果，先后获得全国科学大会奖和国家科技进步一、二等奖，为我国海军装备和水中兵器科学研究做出重要贡献。

黄震中在致力于推动我国水中兵器教育发展的同时，倡导并建立了全国水中兵器学会，组织推动国内水中兵器行业的学术交流。由他主持创建的《水中兵器》是我国水中兵器行业具有广泛影响和重要参考价值的学术刊物。

黄震中一生光明磊落，公道正派，以身作则，无私奉献，工作严谨求实，奋进创新，生活中严于律己，宽以待人，积极帮助教师和学生化解困难。他一生忠诚于人民的教育事业，为国防科技和教育事业鞠躬尽瘁，死而后已，贡献突出。他所开创的事业，正在被后人发扬光大！

序

PREFACE

深切缅怀黄震中先生

大学文化传承、精神弘扬、历史延续的灿烂星河中一位位师德高尚的先生，是大学宝贵的财富。对先生的纪念，是对历史的回顾；对先生的纪念，是对精神的传承；对先生的纪念，是对文化的凝聚。

《大学》开篇有云："大学之道，在明明德，在亲民，在止于至善。"习近平总书记说："大学是立德树人、培养人才的地方，是青年人学习知识、增长才干、放飞梦想的地方。"学高为师，身正为范，桃李不言，下自成蹊。教育不是空口号的宣讲和教条的灌输，而是教师以自身的崇高师德春风化雨般地教育学生。党的十九大报告中指出，"全面贯彻党的教育方针，落实立德树人根本任务，发展素质教育，推进教育公平，培养德智体美全面发展的社会主义建设者和接班人"，要求学校承担好立德树人、教书育人的神圣职责，坚持将立德树人作为教育的根本任务。

西北工业大学是我国唯一一所以发展航空、航天、航海（简称"三航"）等领域人才培养和科学研究为特色的多科性、研究型、开放式大学，是国家"一流大学"建设高校。学校秉承"公诚勇毅"校训，弘扬"三实一新"（基础扎实、工作踏实、作风朴实、开拓创新）校风，坚定扎根西部、献身国防、追求卓越、求真务实的精神。西北工业大学脉源三支，西北工学院、西安航空学院和哈尔滨工程学院航空工程系（原哈尔滨军事工程学院空军工程系）三峰簇立，共同形成西北工业大学深厚的历史底蕴和坚定的报国情怀。

作为"三航"之一的航海学院源于西北工学院的第三机械系。为解决国家急需水中兵器的问题，黄震中教授受命建立我国普通高校中唯一的水中兵器系，并被任命为系主任。初创时期的水中兵器系，师资、教材、资料、实验室等都没有，一切都需从头开始，黄震中教授同时还承担着建系当年招生的任务。从无到有，经过初期艰难的走访、调研，黄震中教授带领航海学院第一代年轻教师在祖国的大西北建立起水中兵器相关专业。黄震中教授品德高尚、学术底蕴深厚、师德崇高，从他的身上可以看到当年科技工作者朴素又浓烈的理想，即使物质条件并不丰富，甚至有些贫瘠，但是胸中燃烧的科技报国情怀足以抵挡凛冽的寒风。

黄震中教授是我国水中兵器教育事业的奠基人，创建了我国普通高校中唯一的水中兵器学科，为我国在西北工业大学建立起水中兵器教育体系，为航海学院、为西北工业大学"三航"奠定了基础。如今，航海学院继承黄震中教授遗志，持续不断为祖国的国防科研和教育事业输送新鲜血液，助力祖国发展。

本书收集了黄震中教授的领导、同事、学生、朋友所撰写的纪念文章，以深厚的感情、深切的怀念、亲身的经历表达了对黄教授的追思，记录了难忘的创业历史。

对先生的怀念，是对过去历史的缅怀和追思，更是对未来之路的思考和展望。不知来处，无以成大事；不知来处，无以谋大局；不知来处，无以思大德。纪念老一辈科技工作者，彰显大师风采，可凝聚师生员工和海内外校友力量，增强爱校、爱院意识，激发身份认同感，教育后来师生。在黄震中教授诞辰百年的特殊日子，航海学院举行纪念活动，出版纪念文集，对于回顾学院创业历史、继承老一辈科技工作者遗志、促进学院发展十分有价值，也十分有意义。

航海学院将再接再厉，不忘初心，肩负起发展祖国航海科技事业、坚固海防的神圣职责，勇挑重任，不惧挑战，创造新的辉煌！

黄震中教授诞辰百年纪念文集编委会
2020年8月29日

目 录
CONTENTS

黄先生对我国水中兵器科教事业的历史贡献 / 傅恒志 …… 001

我和黄主任间的逸闻轶事 / 李保义 …… 007

黄震中教授在学科建设中的卓越贡献 / 马远良 …… 012

丹心赤忱育桃李
　　——缅怀恩师黄震中教授 / 徐德民 …… 018

纪念黄震中教授 / 杨士莪 …… 022

浅谈黄主任建设三系的教育思想 / 刘　锋 …… 023

怀念促进我国水中兵器科教事业发展的黄震中教授 / 周　岳　李溢池 …… 030

缅怀黄老 / 程镛盘 …… 036

在黄震中教授领导下，为三系建设艰苦奋斗的岁月 / 上官信 …… 038

回忆和黄震中主任相处的日子 / 王化民 …… 040

浩渺行无极，扬帆但信风 / 陈景熙 …… 046

追思黄震中教授 / 李　烜 …… 056

践行老师教诲，努力奋斗终生 / 苗在田 …… 057

回忆三系初建及黄震中等老师的一些往事 / 董大群 …… 062

初心不改　追梦百年 / 张海军 …… 065

岁月当无悔，铭筑忆海魂
　　——追忆黄震中教授建系初期工作事迹 / 李增楠 …… 070

忆良师益友黄震中教授 / 乔汝椿 …… 075

深切的怀念 / 王祖荫 …………………………………………… 078

感念黄震中先生 / 张光慎 …………………………………… 082

念老主任重视学风建设的一件事 / 李润清 ………………… 085

甘为人梯，无私奉献 / 谢一清 ……………………………… 087

黄震中——我国鱼雷设计及工艺学科教育的奠基人 / 童子华 …… 091

黄震中主任领导创建水声工程专业轶事 / 张永祥 ………… 100

永不停息的脚步 / 李伯宗 …………………………………… 110

长歌颂宗师 / 王福海 ………………………………………… 116

为航海教育事业矢志不渝的黄震中教授 / 武延祥 ………… 119

怀念黄震中教授 / 王三刚 …………………………………… 123

纪念黄震中教授 / 刘训谦 …………………………………… 127

润育桃李卫中华 / 张宏智 …………………………………… 130

跟随黄主任的难忘岁月 / 相敬林 …………………………… 136

忆往事顽强拼搏，望未来奋发图强 / 祖富宽 ……………… 143

永远难忘的怀念 / 谢朝矩 …………………………………… 151

深切怀念黄震中教授在繁荣我国水中兵器专业学术交流活动中的
  积极贡献 / 孙全寿 ……………………………………… 154

回忆黄震中教授和我们在一起的岁月 / 王志鹏 …………… 157

具有航海精神的黄震中教授 / 陈福楷 ……………………… 159

纪念航海学院的奠基者、铸魂人——黄震中教授 / 崔景元 …… 163

深深缅怀黄震中教授 / 楼世正 ……………………………… 167

缅怀追思黄震中教授 / 刘德明 ……………………………… 172

不普通的党费
  ——黄震中老先生让我感动最深的一件事 / 秋卫平 …… 174

我们的父亲 / 黄建国　黄建森　黄建明 …………………………… 177
水中兵器系诞生和成长过程中的片段回忆 / 黄震中 …………………… 184
请迅速解决水中兵器系悬了9年的定点问题以便尽早招生的意见 / 黄震中 … 190
从黄震中手稿看创办三系的教育思想 / 黄震中诞辰百年纪念文集编委会 … 195
黄震中生平年表 ………………………………………………………… 206
结束语 …………………………………………………………………… 210

黄先生对我国水中兵器科教事业的历史贡献

◎ 傅恒志

一、与黄先生相识

1950年西北工学院（简称"西工"）邀请黄先生来校任教，他由兰州大学转到西北工学院机械系担任教授。我于1946年在西北工学院机械系学习，1950年毕业留校，与黄先生同在一个系工作。他虽然没有给我上过课，但我仍然视他为我的老师。1954年，黄先生和两名青年教师带领西工机械系的几十名本科生到抚顺重型机械厂实习。十分巧合的是，我当时在哈尔滨工业大学（简称"哈工大"）读研究生。哈工大老教师很少，研究生承担了许多老师的工作，甚至有的教研室主任都由研究生担任。我也带着哈工大的本科生到抚顺重型机械厂实习，又与黄先生相见，感到特别亲切。我邀请黄先生给哈工大的学生们讲授有关机械原理与机械零件方面的知识；黄先生也邀请我给西工的学生讲授有关材料科学的知识。因此，我与黄先生有了工作和学术上的交流。自抚顺实习之后，我们熟悉多了。1955年，我由哈工大研究生毕业，返回西北工学院机械系，又和黄先生同在一个系工作。当时他担任机械系机械原理与机械零件教研室主任，是机械系最年轻的教授。

二、水中兵器系的诞生

西北工学院最早是抗日战争时期的西北联大工学院，是西北地区唯一的工科大学，工科实力雄厚，拥有航空、机械、电机、矿业、土木、化工、纺织、水利和管理9个系。1955年国家决定将西北工学院改制为国防院校，非国防专业陆续调出，许多系都单独成立或并入专业学院。如航空系调去清华，后来离开清华成立了北航；矿冶工程系调去北京，成立北京钢铁学院，现为北京科技大学；化学工程系也调去北京，成立北京石油学院；纺织工程系调去西安，后成立西安纺织工学院。留下机械系，改为国防性质的第四机械系。根据国防建设的需要，西工还建立了三个新的国防系，叫作第一机械系（火炮）、第二机械系（炮弹及引信）和第三机械系（水中兵器）。这三个新系中，火炮和炮弹及引信在我们国家已有一定基础，唯独水中兵器完全是空白。因此一、二系刚成立不久就并入已设有该专业的北京工业学院，而三系作为我们国家唯一的水中兵器系留在西北工学院急需建立。我国有辽阔的海域，有万千公里的海岸线，当时海防极其薄弱，急需培养水中兵器的高层次设计研究人才。西工改制后，国家十分重视国防院校的建设，1955年特任命刘海滨为西北工学院院长和党委书记。当时刘海滨担任第一野战军后勤部政委、二机部西北办事处主任，主管西北地区的军工单位，在西北地区有很大的影响力。刘海滨担任西北工学院的第一把手，体现了国家对西北工学院改制为国防院校的重视，为西北工学院发展为国防院校创造了有利条件。刘海滨院长一上任就着手开展西北工学院的国防建设，在做好学校发展规划的基础上，为各系物色带头人。对于水中兵器系，刘海滨院长选择了业务基础优秀、怀有满腔科技报国热情的留美回国学子黄震中作为系主任，并与他谈话，明确了建系的任务，且要求1956年就开始招生。黄教授欣然接受，但他心里也十分清楚，这是一项需要自己认真重新学习的光荣且艰巨的任务，但是他不惧困难，迎难而上，立即投入到筹建水中兵器系的各项工作中。

三、困难和机遇

1956年，正当西北工学院国防专业筹建的时候，国家经济形势不是太好，要收缩经济战线，要求西北工学院军工改制。这样一来，西北工学院办学就遇到了极大的困难。原来西北工学院工科实力雄厚，但为办国防院校调出了一大批工科专业，剩下四个系，而一系和二系又并入了北京工业学院，只剩下三系和四系，以及各基础课教研室，三系又没有任何基础。如果国防专业停办，西工何去何从？在这个关键的时刻，教师们发起组织了教师代表团，准备向党中央和国务院反映情况。代表团团长是李仙舟教授，副团长是刘冠勋教授，团员还有王焕初教授、张德孚教授、赵文蔚副教授等十多位教师，我也在其中。黄先生是水中兵器系的代表，也是教师代表团的重要成员。

代表团赴京向国务院反映重要情况，受到国家领导机关的高度重视。同期原定西迁的上海交通大学（简称"上海交大"）也遇到了类似的困难，组建了教师代表团，准备上北京反映情况。1956年7月下旬，国务院通知西工和上海交大的教师代表团到北京议事。代表团到北京后，受到周总理的亲自接见，康生、教育部部长杨秀峰、一机部部长黄敬、二机部部长赵尔陆等也参与接见，并听取了代表团汇报。西安航空学院副院长唐逸民也列席旁听了会议。会后，国务院研究了代表团反映的问题，决定：上海交大继续西迁西安，反映的困难给予解决；西北工学院继续坚持国防性质，与西安航空学院合并，成立新的国防院校——西北工业大学（简称"西工大"）。有了国务院的决定，西北工学院明确了在国家困难时期的发展方向，继续原国防专业的建设，并于1957年迁到西安。1957年10月西北工业大学正式建立。水中兵器系也获得了稳定长期发展的新机遇。黄先生为高等教育水中兵器专业的建设发挥了不可替代的历史作用。

四、水中兵器系的建设与发展

黄先生自1956年担任水中兵器系主任，从筹建开始，一步一步走过来，为水中兵器系的建设与发展花费了大量的心血，克服了许多不一般的困难。在普通高校中设立水中兵器系，我们国家毫无经验，除哈尔滨军事工程学院（简称"哈军工"）主要为部队培养装备作战使用和维修的技术人才外，其他国内院校都不知道水中兵器专业怎么办，以培养高层次设计和研究人才为目标的水中兵器专业如何建，学科内涵包括什么，教学计划和教材内容如何制订，实验室要实现什么功能，对黄先生来说，每一步都要创新。而且这样一个新建专业，当年建立就要求当年招生，可想而知，面对的压力就更大了。黄先生不但自己努力学习，还努力培养了一批思想好、业务精的专业骨干力量。为适应新专业的要求，他带领刘钰、刘元亨、叶祖荫、刘锋等一批年轻的教师投入水中兵器系的筹建工作中。他们先去哈军工和北工调研学习，同时努力向苏联专家学习先进经验，走出了一条适合我国国情的办学道路。他亲自指挥，亲自规划，亲自教学，工作细致扎实，很有成效。黄先生建系首先抓"三才（人才、教材和器材）建设"，抓得准，抓出了效果。建系之初，他就通过多渠道、多种形式逐步建立起了教师队伍，通过消化吸收、引进创新，编写了专业培养教材，搭建起学生实习和科学研究的实验室，保证如期培养出我国急需的水中兵器高层次人才，满足了国家国防建设、科研和生产的需要。三系的发展为西工大航空、航天、航海的"三航"特色增添了光彩。当年学术上的代表人物，航空方面是黄玉珊教授，航海方面就是黄震中教授。正因为当年的老同志们艰苦创业，打下了很好的基础，才有了今日飞速发展的西工大。黄先生为西工大的确做了许多历史性的大事情。

五、科学研究成果显著

黄先生从建系起就十分重视科学研究。虽然1956年建系，当年就招生，教学任务十分繁重，但1958年就建立了与一机部合办的水中兵器研究室，对外称为"五零研究室"，黄先生担任主任，带领青年教师承担了国家一大批水中兵器型号和关键技术攻关的科研任务，在国家水中兵器研制和生产的主战场发挥了重要作用，成为我国该领域不可或缺的有生力量，为西工大陆续承担国家该领域的重大任务打下了基础。

1962年，我在苏联列宁格勒工学院完成了研究生的学习，获得副博士学位回国，在西工大科研工作委员会担任委员，参与学校的科研管理工作。1964年西工大改制，成立了科研处，我担任处长，全面管理学校的科研工作，主管校领导是刘咸一副校长。当时为了促进学校的科研工作，成立了优势学科方向的六个研究室，其中"第五研究室"就设立在三系，研究方向是航空声呐技术，黄先生担任主任。黄先生从国家争取到航空吊放声呐的重点科研任务，学校十分重视，组建了以三系为主、校内多单位参加的攻关团队，时属国防部的第七研究院还派来了肖永岷担任副主任，我还接待了他。该项目由马远良负责，突破了关键技术，取得了吊放声呐的重要研究成果，获得了全国科技大会奖。他是黄先生在三系培养的第一届学生和从中选拔培养的优秀青年教师。在此基础上，三系又相继承担了航空吊放声呐二型和三型的研制任务，获得国家科技进步二等奖，马远良教授也被选为中国工程院院士。

还有一件事情给我留下深刻的印象。我当科研处处长期间，黄先生争取到国防科委的重要科研项目，因为三系建成了全国唯一的空投水槽实验室，可以利用该实验室开展研究，该项目由徐德民负责进行深入的研究工作。我大力支持该项目，协助他们购买了由德国进口的高速摄像机，在实验中获取了重要数据。徐德民教授是黄先生亲自培养的研究生，在鱼雷控制方面取得了显著的研究成果，曾获得国家科技进步一等奖和二等奖，后被选为中国工程院院士。

在黄先生带领下，三系的科学研究不但为国家做出了突出贡献，而且培养出了一大批优秀人才。

六、为西工大"三航"特色奠定坚实基础

在我国早期，航空就是航空，航天就是航天，航海就是航海。1970年由于国家管理体制的变化，中央决定各国防工业院校分别划归各工业部领导，三系因业务对口造船离开了西工大归属六机部，西工大归三机部领导，留下航空系和航天系。三系归属六机部后，与哈军工三系联合建院或单独建院都遇到了许多困难，黄震中教授突破体制约束思维，积极上书中央领导，表示为贯彻中央关于国防专业大干快上精神，水中兵器系宜回归西工大，并尽快招生，这是快速、高质量办好水中兵器专业的最佳途径。经过三系领导的不懈努力和上级的支持，三系于1979年又回归了西工大，水中兵器专业获得了新的发展机遇和发展空间，也为西工大形成"三航"特色打下坚实基础。

随着国家科技和国防实力的发展，航空、航天、航海及其融合交叉在国防中的作用日益显著，相互联系愈加紧密，"三航"越来越受到国家的重视，空、天、海一体化成为国防建设中的重要发展方向。西工大的"三航"特色专业及密切联系的学科群，以及西工大在西部的战略地理位置，成为国家发展国防高科技的重要单

位。西工大的"三航"特色在高校林立的竞争中,优势更加凸显,水中兵器专业更是在中国高校中独树一帜,在高层次人才培养和科学研究方面成果突出,成为西工大"三航"在全国特色鲜明的亮点。

黄先生从筹建三系,就非常重视学风建设,自己带头,以身作则,艰苦创业,务实创新,团结合作,培育了三系的优良学风,充分体现西工大"三实"的作风。三系出人才、出成果,与黄先生的努力密不可分。

当年的三系现在已发展成航海学院,经过几代人的不懈努力,在教学、科研、人才培养等各个方面都取得了显著的成绩。希望航海学院继承优良传统,发扬航海精神,努力建成为具有国际影响力的学院。

黄先生为科技兴国奋斗了一生,为我国水中兵器科教事业奋斗了一生,他不仅是我国水中兵器教育事业的奠基人,也是西工大"三航"特色的重要奠基人。

作者简介:傅恒志,西北工业大学原校长,中国工程院院士,俄罗斯宇航科学院外籍院士,材料及冶金专家。1950年毕业于西北工学院。1955年哈尔滨工业大学研究生毕业。1962年毕业于苏联列宁格勒工学院获副博士学位。长期从事凝固理论与技术及高温合金的研究及教学工作。多次获得国家及省部级奖励,"ZMLMC超高温度梯度定向凝固方法与装置"获1994年国家科技进步奖二等奖。发表学术论文800余篇,出版专著6部。

我和黄主任间的逸闻轶事

◎ 李保义

今年是西北工业大学原水中兵器系系主任黄震中教授百年诞辰。回首往事，历历在目，让我无不产生怀念和敬重之情！怀念他为人师表、品行高尚的做人风范，敬重他为我国国防事业做出的重大贡献和丰功伟绩。

黄震中先生是我国水中兵器教育事业的奠基人，是现代水中兵器总体力学家和教育家，是水中兵器相关学科发展的带头人。从1956年水中兵器系建立，到如今飞速发展的西工大航海学院，几十年来，在黄教授的带领下，航海学院为国家培养了一大批高科技人才，创造了一大批科研成果，形成了"敢为人先、攻坚克难、团结协作、无私奉献"的航海精神和许多宝贵的办学思想、办学理念。

我和黄先生可以说是忘年之交，他大我近20岁，是老前辈、长者。学生时期我和黄先生交往不多，多半是在公共场合见面，很少有个人交流。对他的印象只是一位学者、领导，甚至还有点神秘感。1964年，我毕业留校工作，我们之间的个人来往逐渐增多，对他的认识也不断深化，我们之间的友谊也不断增加。他对工作认真负责，一丝不苟，但不张扬；他学识渊博，功基深厚，但谦卑不傲；他为人厚道，实诚而无华；他待人宽容善良，从不说过头的话；他性格平和，不急不躁；他严于律己，公私分明，真有点黄土高坡走出来的汉子的个性。我对他的这些认识都是在彼此交往中，通过一些不为人知的小故事形成的。

第一个故事："苏联是咋修的？"

1964年我由水声工程专业毕业。通过五年的刻苦学习，我爱上了这个专业，毕业时满怀激情，准备到社会上大干一场。就在这时，西工大增设政治部，各系要建政治处，学生年级大班要配指导员。当初，系里物色的留校政工干部是一位参加过抗美援朝的钟姓同学，可事到临头，他因家庭有困难不能留校。当时，系党总支奥季陆书记找我谈话，要我留校填补空缺。我表明我想搞业务。随即，奥书记把我狠批了一顿，我现在只记得两句话："苏联是咋修的？党员不做党的工作谁做？"我无言以对。那个年代，党内讲绝对服从。我只好说，那组织定吧！口里答应了，但思想还转不过弯。这时黄先生看透了我的心思，把我叫到办公室谈心，讲了政治工作的重要性，和系上发展的远景，并说今后在系上共事，有什么困难可找他解决。虽然也都是一些普通的道理，可他那平易近人、和蔼热情的真诚态度感动了我，我也就什么都不说了，死心塌地地留校干政工，从此也决定了我终生在西工大工作的命运。

第二个故事：先生的危难

1966—1976年间，黄先生蒙受了不白之冤。这事对我刺激很大，引起我对黄先生的极度同情！当时，我是个平头百姓，无能为力。但我暗下决心，有朝一日，我将尽我所能，为他抚平心里的创伤！

1968年因受黄先生的影响，其大儿子建国由西工大毕业被分配到广东农场劳动改造，后改派到宁夏贺兰山里的西北轴承厂就业，1973年回校工作。1976年我动员我爱人刘爱梅将其大儿媳由西北轴承厂调到西安冶金建筑学院，解决了他们两地分居的困难。1971年，我在系上筹办的357工厂经六机部领导批准招收了60名徒工，我优先招收了在家待业的黄先生二儿子建森当工人，1977年国家恢复大学招生后，他考上了西安电子科技大学，毕业后分回西工大工作。黄先生的女婿在西安交通大学任教，1989年要出国学习，在办理出国手续中遇到了困难，我找在交大工作的哥哥帮助他办了出国手续。这些算我对黄先生尽了一点心，还了愿。

此后我和黄先生间的友谊有了新的发展，更加深厚。在1997年7月黄先生去世前夕，他非常想见我一面，当我到西京医院看望他时，在病床前他叮嘱我了许多放心不下的事，说了许多深情的感谢话。在我离开医院不久，7月26日他就安祥地离开了人世，和我们永别了。在黄先生去世后，我常在校园里碰上黄先生的夫人——范老师，彼时她已行动不便，坐着轮椅，且说话困难，但每次见到我都像见到家里人。我深为感动，这也许就是人间友谊和真情所在吧！

第三个故事："357工厂"的剪板机

20世纪70年代初，三系357厂主要生产电子设备。仅"晶体管直流压电源"就生产了近千台，年产值达四五十万元。电子设备钣金活特别多，工厂急需剪板机、弯板机、点焊机等加工设备。当时社会上基本停工停产，没人接活。我就想到自力更生，邀请黄先生出山，到系工厂来帮助解决困难。他是机械方面的专家，我把设计制造剪板机的任务交给了他。黄先生接受任务后，很快就把图纸设计出来了，然后跑到408厂、庆安公司等军工单位筹措大型铸件和关键零部件，如剪刀、主轴的轴承套毛坯等。由于我们是单件生产，有的零部件生产工序很多，凑齐这些真不容易，黄先生也为此受了许多艰难。凑齐了零部件，在系工厂加工制造时，出了一个事故：某师傅把主轴黄铜轴套用车床车得超差了几个毫米。这下，一向语言平和的黄先生急得面红耳赤，搓手顿脚来找我说理。我安慰了他，但还是让他想办法看如何弥补。后来他决定索性把孔车大，再镶嵌一个铜套进去，最终解决了问题。

剪板机造成以后，1.2米宽、3毫米厚的钢板可以被随心所欲地整齐裁开。大家看了都很高兴，纷纷夸赞黄先生。

在他的带领和影响下，大家热情高涨，先后制出了剪板机，修复了点焊机；买几个瓷缸、瓷盆，兑上些氰化钾溶液，就可镀金、镀银、镀铜、镀锌；向四系借了个铸铁坩埚，在校园拾飞机蒙皮就可铸造出高质量的散热器；找两个大铸铁罐子，缠上导线就制成了涡流加热的变压器真空浸漆罐。那时，三系357厂很兴旺，除了黄主任，还有党总支奥书记等一大批老领导、机关干部、教师，随三系搬迁调入的人员及家属，新留下的20名大学生以及招收的60名徒工，总共达到100多人。生产的产品，除了电源外，还配合重点国防型号项目生产加工352吊放声呐，并无偿地送给海军试用。另外还研制出心脏起搏器、数字式监护仪等医用设备用于临床。最令人骄傲的是，还试制出空气压缩机，连曲轴的车、磨都在系工厂加工。可贵的是，大家精神状态很好，艰苦奋斗，不计报酬，团结合作，共度时艰！我们的电源，这一个产品年收入就有四五十万，可我们没买过一件工作服，没买过一块肥皂，没发过一分钱奖金。工作服是从西工大领的哈军工带来的旧军装，洗手用的是锯末子加肥皂粉。

第四个故事：1979级的新生宿舍

1970年，中央军委、国务院决定西工大归三机部领导，西工大水中兵器系归六机部领导，六机部决定水中兵器系与哈军工海军工程系合并成立船舶工程学院，迁至武汉办学。但该规划多年不能落实，系里也无法招生办学。后哈军工海军工程系单独建院，六机部让三系也单独建院。20世纪70年代后期，黄先生已恢复了系主任一职，他多次利用去北京开会的机会，向中央、国务院有关部门和领导提建议、写报告反映搬迁定点的意见，希望尽快确定体制归属和办学定点问题，并争取回归西工大，尽早招生。终于在1978年2月，国务院国防工办决定水中兵器系重回西工大建制。1979年6月，三、六机部正式办理了交接手续，三系正式回归西工大，开始招生办学。

当时距国家1979年招生日期非常接近。黄主任等系领导紧锣密鼓，昼夜加班工作，想赶上1979年招生这班车，并为新生来校上学做好准备。这是三系停止招生13年后的第一届学生，许多工作要从头做起。我记得，有一天黄主任找上门来，要我重操旧业，兼管学生工作。我当时在303教研室担任党支部书记，参加924鱼雷型号的研制工作。该项目已接近定型，研究任务非常紧张，但我看到老主任的难处，也是系里的大事，就答应了。第二天，他约我去看新生宿舍。西工大分给三系1979级的学生宿舍在校内东墙根的17舍一楼，这地方曾是肝炎患者病房，后又住过民工。我们到17舍，一打开房门，里边砖头石块满地，垃圾堆积如山，一股发霉的臭气迎面扑来。黄主任一看面有难色，但客气地说："我帮你打扫吧！"论情论理，他已快60岁了，而且是教授，是领导，让他干这活，于心何忍！后来，我借了一辆架子车，用了一天的时间清理了垃圾，还从校医院担了一担消毒水，把架子床和地面进行清洗冲刷并消了毒，擦干净门窗玻璃后，学生宿舍总算面貌一新，满足了要求，可以迎接新生了。后来1979级两个学生班出了许多所长、厂长、总工、军官、干部，他们每逢返校都来看我，每当如此，我都感到无比的自豪和欣慰。

第五个故事：教务工作的临时工

大约在1981年寒假前，系上要安排下学期的具体教学计划，涉及从一年级到三年级十多个班级下半年的教学任务。当时，三系学生的课基本是基础课和技术基础课，教学任务大部分由外系老师承担，分散到学校许多教研室。订教学计划要选聘老师，编写教学大纲，制订教学日记，并经任课老师、教研室、教务处认同签字，工作量很大。此事把认真负责的黄主任急得团团转，坐立不安。他又来找我，希望我能帮助解决这个困难。这件事本来与我无关，但出于与黄主任的友谊，我接下了这份临时工作，经过一番努力，制订出1981年下学期的教学计划，解了黄主任的燃眉之急，保证了系里教学工作的顺利开展。

以上是我和黄先生间的一些琐碎小事，但事小见精神，足见先生为人做事的可贵之处。黄先生的学识和品行是西工大优良校风的原型和典型代表，是我们永远学习的榜样！他将"基础扎实、工作踏实、作风朴实、为人老实"贯穿终生，也培育了宝贵的航海精神。这种精神，值得我们永远继承并发扬光大！

作者简介：李保义，西工大原党委书记，教授。1964年毕业于西工大原三系水声工程专业，曾任三系学生指导员，系团委书记，系党总支副书记、书记，西工大党委副书记、副校长。1966年后转为教师编制，筹建过三系357工厂，参加过航空吊放声呐、鱼4×鱼雷等国家重点项目的研制，并分别获得全国科学大会奖和国家科技进步二等奖、一等奖。在西工大党委工作期间，曾担任全国高校思想政治工作研究会副会长。曾获全国思想政治工作"创新奖"、"卓识奖"、国家级优秀教学成果一等奖等多项奖励。获"全国教育系统劳动模范"等称号，享受国务院颁发的政府特殊津贴。2000年3月中共中央组织部确定为副部长级干部，2001年6月离休。

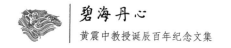

黄震中教授在学科建设中的卓越贡献

◎ 马远良

1956年，我们年级一共6个班的同学，经过选拔、保送或高考来到西北工学院（西工大三支主要来源之一），成为新中国普通高校中首届水中兵器系（下设鱼雷设计及工艺专业、水雷设计及工艺专业）的学生。当时学校的正教授不多，记忆中只有10个左右。所幸我们新组建的水中兵器系（时称"三系"）的系主任是一位正教授。那就是我们的黄震中教授，听说是从美国留学回来的，很年轻。我们在首次师生见面会上见到了他，个儿高高的，戴眼镜，说起话来不紧不慢、逻辑缜密、气度不凡。我们这批同学，被保送学习"特种专业"搞国防，是服从组织安排来的，对于到此学什么，以后做什么，心里没底。见到上级委派这样一位有学问的正教授来当系主任，加上其他老师的热情引导，我们的心这才安定下来。

新中国科教事业的初创阶段，国家尽量选派欧美留学回国人员作为重要学科领域的学术带头人，其中包括著名的华罗庚（他曾到西工讲学）、钱三强、吴有训、周培源以及后来回国的钱学森等人。和我们西工大航海学科有关的，就是我们的黄震中教授，以及中科院马大猷、上海交大朱物华、华南理工冯秉铨等几位老前辈。这批专家最主要的作用不是具体的科技创新，而是站在国家层面规划未来，组建队伍，选拔和培养人才，开拓建设国家急需的科学与教育事业。我们这些后来者，从这个角度回顾历史，更深感黄震中教授在创建水中兵器学科的过程中，发挥了不可替代的历史作用。

1955年，是新中国相继进行抗美援朝战争、抗美援越战争之后，第一个没有战争的年头，因此，国家狠抓各项建设。1956年春，国家发出了"向科学进军"的号召，西工的水中兵器系就是在这样的背景下开始建设的。当时，和我们系同时开建的还有西工一、二系，属于火炮、炮弹及引信专业，与黄教授同时受命组建三系的奥季陆老师，兼任着一、二、三系联合办公室主任的职务。这三个新系当中只有三系与原有的四系（机械系）一起，在西工大长期坚持、发展壮大至今，一、二系于1957年专业调整时转移到北京工业学院（现北京理工大学）。由此可知黄震中当时肩负的担子有多重。

那么，黄震中教授当时最重要的任务是什么呢？我认为，是解决两个专业的人才需求和骨干人员的调配问题。他在奥季陆老师的配合下，从本校调配来叶祖荫、刘钰、刘元亨、葛世炯等几位老教师，分别负责两个专业的工作，并连续两年通过原国防科委从全国分配来二三十位优秀的应届毕业生。这批毕业生来自机械设计与制造、精密仪器仪表、物理与力学、电机与电器、无线电技术等专业，毕业学校包括西工、北工（即北理工）、清华、北大、华工（原华中工学院）等，后来成长为西工的青年教师，奠定了三系的基础。西工还实施了请进来、送出去的人才培养计划，先后将青年教师、高年级学生送往哈军工、北工等相关专业培养。1958年哈军工海军工程系第三科（水中兵器专业）又有几名军人学员毕业回校。同年西工大实施了校内自培的"预备教师计划"，三系选留了三四十名综合素质较好的三年级学生作为预备教师。待到1960年，这批学生以及同时送往哈军工水声专业插班学习的8名学生，一起提前半年毕业，充实到三系的教师队伍之中。与此同时，三系又从海军鱼雷、水雷转业军人及专科院校物色了十来位能干的实验技术人员。以上几批人，加上后来筹办水声工程、鱼雷自导新专业从校内调剂来的少数骨干教师，以及1964届、1965届留校的十来位同学，构成了所谓"老三系一百单八将"。这一段历史，的确有许多有益的探索值得回顾和总结。从1956年到1965年，短短10年光阴，新中国普通高校中唯一的水中兵器专业，在黄震中主任的带领下建设起来，也把适合西工大空天海一体化、具有"三航"特色的水声专业建设起来，核心是把这批人才聚集起来、培养起来了。后来的发展证明，这支队伍是很有战斗力的，说明我们的带头人黄震中教授，以及以他为代表的三系领导班子，在三系初创阶段有效地组织起人才队伍。

黄震中教授面临的另一个挑战是，对新组建的这支科技队伍发挥学术带头人的引领作用。为此，他必须努力学习和研究、准确把握三系应有的学科内涵。这在我们中国是一项前无古人的事。他及时通过上级引进了苏联专家，1958年来校的水雷专家扎阿诺夫、鱼雷专家索洛维耶夫，稍后来校的鱼雷制导技术专家高洛霍夫，带来了水雷、鱼雷的基础理论和知识。同时，黄教授又与哈军工海军工程系建立了紧密联系，该系第三专科先于西工在"军口"建设水中兵器专业。我们1958年到哈军工时，就听到两个三系的黄主任（哈军工海军工程系也是简称"三系"，系主任是黄景文）比赛乒乓球的佳话。在上级组织下，黄震中参加了海军口组织的赴苏联考察团，与原706所（现715所前身）所长王朋，无锡721厂总工程师柳先等人一同到苏联的声呐和水中兵器科研、生产部门参观学习。加之作为西工大航海学科的带头人，参加了国防科委四局（科技）、八局（教育），以及后来三机部、六机部相关会议和交流活动，黄主任的视野日益宽阔，主持三系的建设也就更加得心应手。应黄主任的指派，本人难得有两次机会，陪同他出席在上海交大和太原机械学院（也是老牌军工院校）的会议，体会到黄教授是我们的"牌子"，代表着三系在国家或行业的地位是不可替代的。

1984年马远良陪同黄震中教授在太原晋祠

黄主任在教育教学方面的作用，体现在狠抓"三才建设"，就是人才、教材和器材的建设。在我们首届毕业生完成学业的1961年，"三才"的雏形已经基本齐备。自此之后，三系毕业生的综合素质一直受到好评。在船舶系统有大批校友担任要职，其中包括船总副总经理、局长、研究所所长、厂长、总师、重大项目负责人等。这方面的事，我就不多说了。校友们一定会提供出很多精彩的故事。在这里，我想说几件切身经历的黄主任"抓教材"和"抓科研"的往事。

1961年起，黄教授参加国防科委军工专业教材编审委员会工作，按上级安排，狠抓水中兵器、水声工程统编教材的编写和出版。当年就有24本专业教材编写出来，由北京科学教育出版社正式出版。记得20世纪80年代初期，原船舶系统工程部主任任克明提起，他在北京大学学习水声课程时很神秘，有一本叫作"40804讲义"的水声换能器教材，由北京科学教育出版社出版，作者为渭闻，课后要由保密委员收集起来，送到保密室保存。我听后心中暗喜，因为那本书的作者正是本人，渭闻这一笔名是由黄震中教授拟定的。换句话说，当年北大采用的那本教材，竟然出自他们的同龄人，被我校寿松涛校长笑称为"阿猫阿狗"的一名小助教之手。那本教材的序言是黄教授亲自修改的，其中有一句话原本为"声呐是海军水下观察的耳目"，黄教授修改为"声呐是海军水下观察的耳目，水声换能器则有耳目之耳目的功能"。我一看，改得太好了，画龙点睛之笔啊。黄教授的认真、细心和水平，令我折服。

1965年初，黄震中教授出席国防科委规划会议，带回来一项新的科研任务，要求西工大牵头协同第七研究院承担航空声呐装备研制，内容包括直升机吊放声呐、声呐浮标和磁力探测仪。向校领导汇报后，校长寿松涛、主管科研的刘咸一副校长、科研处处长傅恒志要求三系要立即行动、坚决落实，并表示学校将在科研条件、人力物力各方面提供全面支持。经学校与第七研究院协商，由双方调配科研人员成立航空声呐研究室，设在西工大，简称"西工大第五研究室"。西工大与七院联合任命三系黄震中主任兼任航空声呐研究室主任，七院706所（后改称715所）肖永岷任行政副主任，307教师马远良任科研副主任兼"352项目"负责人（总体组组长）。所谓"352项目"，就是我国第一代航空吊放声呐研制项目，既涉及水声，又涉及直升机，上级选定航空和航海兼备的西工大牵头承担这个开拓性的国防重点工程项目,再合适不过了。该项目是当时西工大承担的重大国家任务,除三系外,还有905教研室、605教研室、109教研室派员参加,505(直升机)教研室及校科研处、设备处、总务处、财务处、机工厂等部门密切配合。校外除706所派来少数研究人员,我们从1965届、1966届水声工程专业毕业生中为706所预留了一批学生直接参加科研,又从专业方向对口的沈阳613厂吸收了一批准备将来承担生产任务的人员,提前来校参加研制工作(其中包括本校毕业生)。"352项目"在西工大影响很大。三系紧接着又有了"353项目"等。它们全部有始有终,为国家做出了贡献,为自己培养了人才,也为进一步发展提高奠定了基础。"352项目"十年奋斗(1965—1975)期间,黄震中教授许多时候无法参加工作。我想借此告诉校友们一句话:在1976年后本人接任航空声呐研究室主任之前,中国首任航空声呐研究机构的主任是黄震中教授;航空声呐研制任务能够落实到西工大,黄震中教授这个"砝码"是很有分量的。

1958年8月,原一机部与西工大签订协议,利用西工大的条件联合建立水中兵器研究室(代号为"五零研究室"),任命黄震中为主任,次年一机部五局派来王震寰任副主任。1960年扩建为五零研究所,汇聚了一批骨干人才,开展了一些鱼雷和水雷的先期技术研究。这方面我接触的不多,但认识其中一些老师,看到他们在19号楼(现书海楼)那里工作。1961年后,上级决定单独建立705所和710所,加强鱼雷和水雷科技工作,五零研究所停办,所属人员分别转到那两个研究所工作。其中给我留下很深印象的是杨保生研究员,记得他是西工大派往哈军工鱼雷班学习的学生之一,他们去得早而且入伍当了军人。我们去哈军工声呐专业插班的几名同学,受到学长们的欢迎。学长之中就有杨保生,他热情、爱笑,后来成为705所挑大梁的人物之一,对鱼雷的发展有很大贡献,是××鱼雷的总设计师。黄震中教授先后担任过两个联合研究室的主任,为组建我国水中兵器和航空声呐科研机构做出突出贡献。

值此黄教授诞辰百年之际,我呼吁"吃水不忘挖井人"。他就是一位挖井人,在新中国水中兵器和水声装备事业中的卓越历史地位,是值得后来者永志不忘的。

作者简介： 马远良，水声工程与信息处理技术专家，教授、博士生导师，中国工程院院士。1961年毕业于西北工业大学，曾在原哈军工水声专业插班学习、在英国拉夫堡大学进修。长期从事水声工程和信息处理技术研究，主持航空声呐装备研制，是该领域的开创者和学术带头人。获"全国优秀科技工作者"等多项荣誉，获省部级以上科技奖励26项，含国家科技进步奖、技术发明奖和全国科学大会奖，以及省部级成果一等奖5项，二等奖11项。获国家发明专利十余项，合作出版著作4部，发表论文400多篇。全国水中兵器领域第一位博士生导师，在水声工程和水中兵器学科培养硕士、博士和博士后100余人。

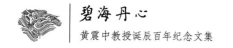

丹心赤忱育桃李

——缅怀恩师黄震中教授

◎ 徐德民

20世纪40年代末50年代初，一批在国外学有所成的莘莘学子回到了祖国，立志为新中国奉献自己的宝贵学知、聪明才智和奋发有为的旺盛精力，成为各种学科专业奠基人和开拓者。黄震中教授正是中国水中兵器学科和教育事业的奠基人和开拓者。

1956年9月，我考入位于陕西咸阳的西北工学院，被分配到三系（水中兵器系）7专业（鱼雷设计与制造专业，学制5年）7103班学习。系主任是黄震中教授，那时我很少有接触到他的机会。在我的印象中，黄教授是一位很严肃、很斯文、很儒雅的学者。

大学四年级，黄教授给我们讲授"鱼雷总体设计"课程，概念清晰，逻辑严谨，板书工整，使同学们深受教益。黄教授在我们的心目中是一位学识渊博、造诣深厚、令人敬仰的教授。

1960年6月初，我收拾行李，准备和同学们一起到农村参加夏收。陈景熙老师通知我作为预备教师，到305教研室参加工作。教研室分配我协助黄陆老师准备开设"鱼雷发射装置"课程，后因教学计划调整，此门课程不开了。教研室又分配我参加《鱼雷动力装置》教材（又称"30602讲义"）的编写工作，李培清老师分配我撰写"能源供应系统"部分。

1961年9月，学校招收研究生，参照苏联副博士模式培养青年教师。开学初，王化民老师告知我被教研室推荐报考黄教授的研究生。能够师从黄教授研究鱼雷总体技术，我深感荣幸。因此我成了黄教授招收的第一名研究生，也是我国鱼雷专业的第一名研究生。

1962年，学校大力贯彻"高教六十条"。作为系主任，黄教授工作十分繁忙，经常利用业余时间对我进行指导。黄教授对学生既严格要求，又启发诱导，注重培养其自学能力和独立思考能力。他认为，研究生与本科学生不同，应在掌握扎实的理论知识基础上，有自己的想法，并能独立开展研究工作。他强调的治学之道是学习知识与创新知识相结合，理论与实际相结合，还要有一定的工程经济观点。他教导我：进行科学研究，要深入思考，善于发现和提出问题，研究和解决问题，做出有实际意义的结论。这是一种问题导向模式的研究方法。

鱼雷鳍舵位于鱼雷尾部，对于鱼雷运动的稳定性和操纵性具有十分重要的作用。当时教材上给出的计算鱼雷鳍舵升力的方法是苏联学者在布拉格平板升力公式的基础上，加实验修正系数的半经验公式。虽然比较简单，但有一定的局限性。我提出对此问题进行研究，得到黄教授的同意和支持。他告诉我此问题涉及流体力学的基础理论，要求我加强基础理论的学习。在刘钰老师、黄景泉老师的指导和帮助下，我学习了流体力学和空气动力学的基础理论，查阅了大量的相关文献资料。针对鱼雷的总体特征，研究了雷体与鳍舵之间的相互干扰，以及尾部附面层的影响，提出了细长体理论和组合体理论相结合计算鱼雷鳍舵升力的方法。黄教授对研究结果进行了严格的审查，给予了肯定，进一步要求我对理论研究结果进行实验验证。根据学校当时的条件，实验在503教研室的风洞中进行。黄教授又请机工厂的梁培寿工程师帮助我设计和加工风洞实验的模型。在此过程中，黄教授又指导我学习了相似理论。305教研室当时没有相机，为了拍摄风洞实验照片，黄教授又将他访问苏联时买的相机拿给我用。

实验初始阶段并不顺利，测量数据不稳定，离散度比较大。黄教授一方面鼓励我不要怕挫折，要有信心；另一方面指导我分析问题的原因，估计是测量天平的问题。在实验室技术人员的帮助下，对测量天平进行了紧固，并精确校准，从而使后续实验的测量数据比较稳定，一致性较好。

1963年下半年，黄教授给学生讲授"鱼雷总体设计"课程，要我参与辅导答疑。在黄教授的指导下，我讲授了"雷头设计"的相关部分，这对我是一次教学工作的有益实践和锻炼。

我的论文完成后，送导师黄教授审查。他对论文进行了非常严格的审改，字斟句酌，一丝不苟，甚至不放过每一个错别字和符号。这种严谨的治学态度和科学精神使我深受教育。我在日后的教学科研工作中，学习传承了恩师的这种治学精神。

1964年11月，我顺利地通过了论文答辩。在黄教授的指导下，从问题的提出到理论研究和实验研究的紧密结合，我得到了比较系统、完整的培养和锻炼，黄教授倾注了大量心血，使我终身受益。

我回到305教研室工作后，黄教授又安排我和301教研室的二位老师、一位实验员、一位工人组成跨教研室的研究团队，研究国防科委下达的入水冲击问题。这项科研任务由三个单位共同承担，702所负责理论研究，西工大因有空投实验水槽负责实验研究，航天三院负责应用研究。1966年正当科研工作进行到关键时刻，受到冲击，被迫中断。

1969年我临危受命，负责某项目研制组的工作，此后又研制了鱼雷电深控装置。在此基础上，经海军和六机部批准，我校与874厂、872厂合作，共同研制我国第一条主被动联合声自导电动鱼雷（924项目）。经过十多年的努力奋战，该型鱼雷于1984年成功设计定型，1985年获得国家科技进步一等奖。在十多年的研制过程中，我经历了不少的挫折与失败，克服了许许多多的艰难险阻。每当困难和关键时刻，恩师都给予我热情鼓励和宝贵指导。

20世纪70年代，根据鱼雷科学技术发展的需要，我的学科方向转为鱼雷控制系统，到新组建的306教研室工作。每每遇到问题，我还是十分乐意请教恩师黄震中教授。他一如既往，十分热情、耐心地予以指导。20世纪80年代初，我翻译出版了《非线性系统分析》一书，也得到恩师黄教授的热情鼓励和悉心指导。1987年我作为访问学者到美国密歇根大学研访，他热情地为我写了推荐信。1991年我被调往西工大工作，先后担任人事处处长和负责教学工作的副校长。他语重心长地叮嘱我，即使日常行政工作再忙，也要坚持教学科研第一线的工作，这是教师的永恒职责。恩师的教诲，我终生难忘。

在纪念黄震中教授百年诞辰之际，作为他的一名学生，我谨以虔诚和感恩之心，奉上这些浅浅的回忆、深深的怀念。我们要继承和发扬黄教授认真、严谨、勇于开拓的治学精神，真诚、奉献、热忱待人的道德风范，激励一代又一代后来者，为建设海洋强国和世界一流的现代化海军，实现中华民族伟大复兴的强国梦，努力做出新的贡献。

作者简介： 徐德民，西北工业大学原副校长，中国工程院院士，兵器科学技术与水下无人航行技术专家。1961年毕业于西北工业大学，1987—1988年在美国密歇根大学做访问学者。长期致力于兵器科学与技术、控制科学与工程学科领域的教学与科研工作，担任×型号项目的总设计师，完成重点科研任务30多项。获得全国科学大会奖、国家科技进步一等奖和国家技术发明二等奖各1项，国家科技进步二等奖2项，国防科技创新团队奖、省部级科技奖励和荣誉20多项，以及何梁何利基金科技进步奖等，授权发明专利20多项，出版著作5部，发表学术论文300多篇。

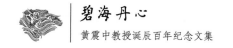

纪念黄震中教授

◎ 杨士莪

西北工业大学航海学院是我国唯一设有水中兵器专业的普通高等院校，多年来为我国教育和国防工业单位培养了大量技术人才，其中许多人做出过杰出贡献，在今天已成为我国该领域的骨干和领军人物。

黄震中教授从20世纪50年代起担任西工大三系（航海学院前身）的领导，率领一帮年轻的大学毕业生，历经艰难的初创时期，并逐步遵循国家建设发展的需要增设新专业，为今天的航海学院打下了坚实的基础。

我由于年资远小于黄教授，当年又不属于同一个工作系统，遗憾地无缘聆听黄教授的直接教诲，仅有一次黄教授到哈尔滨军事工程学院考察，莅临我所在的海军工程系，有幸一睹其风采。黄教授身为高等院校系主任，面对我们这帮小青年，却谦逊地咨询他所感兴趣的各种问题。几年以后，为了在西工大三系成立水声工程专业，他又提前派出多名助教和高年级学生到哈军工声呐专业进修。黄教授的谦逊作风和音容笑貌，至今仍清晰地留存在我的脑海中。

今天我们缅怀黄震中教授，不仅要纪念他为祖国教育和海军国防事业做出的巨大贡献，更要学习他勤奋、谦逊、为人民服务的精神和实事求是的科学作风，奋力继承他未竟的事业。

作者简介：杨士莪，哈尔滨工程大学水声工程教授，西北工业大学兼职教授，中国工程院院士。

浅谈黄主任建设三系的教育思想

◎ 刘　锋

1956年8月，学校任命黄震中教授为三系系主任，按上级要求，开始筹建三系并于当年招生。在和黄主任相处中，我体会到了他的教育思想主要有以下几个方面。

一、充分发挥专家作用

1957年10月到1960年1月，三系3位苏联专家在校期间主要讲授已援产品专业设计知识，对我们来说有很大帮助。我听取了35专业和33专业专家讲课，经黄主任同意，让1961届33专业全体同学也听了专家讲课。海二所、华东工程学院等3人也听取了33专业专家讲课。

黄主任请专家培养了陈景熙、董大群和王大森3位研究生，使他们学得更深入，打开更广的发展思路。

我们听取了专家关于实验室建设，水洞、消声水池、空投水箱、水下物理场等的意见。在系室和教师们的共同努力下，实验室按需要和可能逐步实施完成。

我们征求了33专业专家关于教学计划中课程设置的意见。经教研室教师研究讨论，同时与37专业陈次功老师交换了请六系承担课程的意见，由我与六系协商后制订了33专业教学计划，送系主任审定。各专业制订教学计划的方法步骤类同。

专家回国前，未讲过的流体力学、制造工艺等资料论文，都由教师打字翻译留下。

二、教学是学校的中心工作

1960年1月苏联专家回国后，黄主任找我谈话，说研究所要成立，还要写教材，系上工作他一人承担不过来，教学工作包括"三才建设"，经他与学校商量，让我到系上主管这些工作，兼顾系其他需办理的事项，他不定期来。他又说，这个担子很重，认为我能管好，要大胆放手地干。1956年在哈军工进修时，我被增选为所在党支部委员，配合黄主任分管三系教师思想政治工作。1957年"大鸣大放"，教师们专心学习，没有不当言论。回校后专家要来，教师搬来西安，学生还在咸阳，校党委让我兼任西安校部三系党支部书记，同时兼管19系楼技术设计与西北建筑设计院的协调及系上其他工作。而这次谈话，是要我到系上正式来负责教学及"三才建设"工作，处理系上其他日常需办的事项，这是黄主任给我压担子，让我做帮手，是对我的信任，我应尽力做好，不辜负领导及组织对我的期望。在此期间，我与黄主任、老奥研究安排了多项工作。过了一段时间，学校按上级部署，让三系建成一所分校——造船学院，并要提出方案。我们对教师需派出进修、队伍需要外援、需上级解决的条件和问题等做了多次研究、商讨，向学校汇报时，已是1960年底。学校派我去北京汇报，到了三机部教育局、九局（造船局）、海军军校部做了汇报及沟通。不久，1961年1月中央八届九中全会提出"八字方针"，该方案就被搁置了。但这是对师资培养工作的一次大摸底，也是对青年教师进行了一次深入的研究。同时还研究了加速从校内兄弟系调剂1962届同学补充33、37专业和部分预备教师人选问题等。

黄主任把师资培养作为提高教学科研水平的关键工作，表现在上述办分院研究中，重点就是研究师资问题。随后，1963年，三系按专业又进行了重点培养教师摸底排队工作，确定了培养名单。另外，我们每年教学检查中对教学态度及教学效果突出的教师做出反馈及记录，并加强对教师在教学科研及教材、实验室建设工作中的考查，这是培养教师的一项经常性工作。通过这些研究和工作，我对教师培养工作的重要性和方法有了更深刻的体会。

1961年中央批准了"高教六十条"，最主要的就是贯彻以教学为主的原则，这须对1958年"大炼钢铁，增加生产劳动"等的教学思想、教学计划及各教学环节进行调整，需要花大力气来进行。我把思考后准备的意见向黄主任、奥书记做了详细说明，共同进行了认真的研究商讨和修订，认识都得到了明显地加深和提高。回忆这些措施，包括：和各专业商讨修订教学计划，保证理论教学、实践教学、自学时间，控制劳动和社会活动的时间；充分发挥教师在教学中的主导作用，强调认真备课，新开课和开新课的教师需先试讲等；加强教学法活动，强调教研室要进行教学经验交流，相互听课，不断改进；期中和期末系室要进行检查性听课，举行学生座谈会并反馈给教师，不断改进，每学期我要听几次课和参加座谈会，黄主任也听过35专业课；课程设计、毕业设计和实验课要求教师先试做并制订指导书，贯彻理论联系实际原则，加强动手能力，以提高质量；为提高课堂教学效果，在全国学习郭兴福教学法时，系内组织了课堂教学的交流，并参加了学校交流；健全升留级和学籍管理制度；通过党组织加强对学生艰苦奋斗、遵纪守法和勤奋学习的教育。经几年努力，教学质量得到了提高。过了一段时间，发现学生负担有些重，系里提出教学要求要适当，作业不要过多，注意贯彻少而精的原则。经过以上工作，教学秩序逐步走上了相互配套、相互协调的正轨。

1957年4月苏联向我国出口1950年定型的第一条被动声自导单平面电动鱼雷，并派专家来海军司令部大楼做产品介绍，那时我国鱼水雷工厂、研究所尚未成立，黄主任让我去参加学习。我结识了苟元书、杨汉等海军有关领导机关负责人和鱼雷界的同事。经学习，大家认为自导是鱼雷发展的一项重要关键技术，建议领导部门尽快建立这方面专业及科研生产单位，而与鱼雷自导互为发展的就是水声设备，希望一起建设、相互促进、加速发展。我回来向黄主任做了汇报，建议学校尽早建立鱼雷自导与非触发引信及水声工程专业。

1956年底，中央八届二中全会提出1957年要"保证重点、适当收缩"的方针，二机部提出西北工学院停办5个专业（一、二系），三系2个专业的学生人数也做了调整，1957年又停招一年。1958年国家在三系设立33、37专业，为了尽早培养这两个专业方面的人才，派马远良、张永祥等8位1961届同学作为预备教师于1958年前往哈军工水声专业插班学习，又从本系1961届同学中调入30多人，1960年从校内兄弟系1962届同学中调入41人到33、37专业学习，从而自1961届开始4个专业都有了毕业生，这是化上述国家经济调整给专业发展带来的不利因素为积极因素，是系里和学校为早日实现给国家输送专业人才而采取的积极、有效的措施。

黄主任还与刘钰讲师联合培养徐德民，与葛世炯讲师联合培养相敬林，与七系王宏基教授联合培养赵连峰研究生。

1961年2月（"八字方针"提出后）西工大划归国防科委领导，此前编写的教材为油印教材，确保了学生学习的需要。到1963年全系编写教材30多种，其中20多种专业课教材由北京科学教育出版社（国防科委名下的出版社）出版。

黄主任提出想去鱼雷厂、研究所对培养毕业生质量做一次调查。1965年，黄主任与王化民、赵连峰两位教师赴上海、扬州海二所和874厂做了调查，回来说他们对三系学生的质量是满意的。

三、积极承担本专业科研项目

1958年放暑假时，我与黄先生就19系楼实验室建设情况交换了意见，黄先生提出让我去二机部五局（兵器局）就研究室人员补充和科研机构基建问题做促进工作。学校随后通知我因邮寄来不及，让我带一份政审材料到北京（那时机要邮寄耗时很长）。所谓要带的政审材料，正是黄先生本人应海二所杨汉所长之邀，于8月利用暑假赴苏联帮助该研究所考察，向海军领导提供邀请苏联专家的建议事宜。到了北京，我先去一机部干部司送政审材料（听部里同志说，让尽快送去是因海二所成立才两个多月，科技人员短缺，而苏振华与一机部组成的代表团10月就要赴苏联谈判援助问题，要求海二所等须提前提出聘请建议人选方案）。

一机部对部属高校设科研机构很积极，一机部四局（航空局）在西工大设立了空气动力学、结构力学和航空工艺三个研究室。五局管全国常规武器含水中兵器的厂、基地等，对建立科研机构也很主动。1960年将原定的研究室主动升格为"五零研究所"，并任命黄主任兼所长，派王宸寰任专职副所长，同时还提出了研究所的科研项目。我与处领导汇报交谈后，他说基建问题由第五设计院到学校做勘查，人员方面已经安排逐年分配毕业生，我们也可选留毕业生充实人才队伍，我回来向黄主任做了汇报。之后第五设计院派人到南苑（现航海学院）位置进行了测量并着手基建设计（1961年初中央提出"八字方针"）后，上级将五零研究所与海二所合并。

1959年下学期底，海二所在上海召开第20、24科研合作社会议。黄主任通知我去参加会议时说，本专业应积极承担此项目，它可使教学科研与师资培养紧密结合，为国家多做贡献。会议有海二所、西工大及海军工程学院等单位参加，我参加的是自导组。自导研制组会议一开始，海二所提出的就是研制20号双平面声自导电雷。会议首先重点对双平面声自导所带来的技术问题如主动、被动的优越性、缺点、难点等进行了较多分析与研讨。随后研究如何开展方案研制工作，经研究决定20号自导方案由各单位在下次会议上提出。海二所提出成立20号自导研制组，会议决定海二所曹锡迁任组长，西工大刘锋任副组长。返校后我召开303教研室会议，决定由狄正彭负责自导方案研究（303教研室成立时沙峰与我任室正、副主任，不长时间沙峰就调离学校，由我主持教研室工作，后因我主要精力已在系上工作，1960年任命肖金硕接任室主任）。中间因国家遇经济困难而放缓进度，1965年经济有所恢复，遂于1965年11月在北京召开20号自导会议。（自1965年9月至来年春节我带领三系1967届全年级同学和三系部分教职员近二百人到宝鸡参加农村社教。）黄主任与狄正彭去北京参加了115会议，会议进行了很激烈的争辩，在会上老狄说服了大家接受三系提出的相位多波束主动声自导方案（狄正彭向我做了介绍），但会议把技术难点较少的被动声自导方案作为第一方案，交由705所与声学所合作研制，西工大三系提出的主动声自导方案作为第二方案，由西工大负责研制。33专业成立353科研组开展科研工作。1966年后，科研仍照常进行。1967年召开了810会议，徐德民和狄正彭两位同志参加，狄正彭就两种主动方案研究试验的情况做了介绍，会议认为相位多波束主动声自导方案是可行的，决定该方案继续进行研制。后因经费有限，1970年初上级通知三系停止该方案的研制工作。

黄先生与学校领导商量让我代表学校参加721厂建厂典礼，黄先生对我说利用参加会议的机会向主管领导机关及工厂宣传校系和专业情况，争取今后科研和实习给系和专业以积极支持。20世纪50年代后期签订的"二七协定"中，属造船和水声设备方面的有无锡水声设备厂和九江船舶仪表厂，原定苏联只提供扩大初步设计和部分样机，但苏方还是中途终止协议。一机部为了加快工厂建设，在无锡大王基（地名）一所无线电技术学校的基础上，变学生为技术工人，教员为科技人员（我去时，学生还在上课），并由天津无线电厂包建，国家采取措施加速了工厂建设。那次会议部里派科技司何司长、十局（电子局）两位负责人参加。会议任务多且忙碌，高校代表就我一人，我利用休息时间与厂领导进行了简单交谈，重点宣传系和37专业的情况，希望增强联系与产学研合作。我向何司长汇报了学校、三系和37专业情况，希望校、厂之间多发挥高校科研的优势。何司长表示在建设好系和培养好学生的同时，承担科研任务对提高学校水平很有好处，并说部里会支持西工大承担相关科研任务。我还向十局同志（声呐属十局管，是规划和计划的主管机关）介绍了西工大的专业优势和37专业的情况，希望十局加强对37专业的指导和科研支持。两位同志表示西工大是部属学校，十局会积极支持，西工大航空力量很强，今后在制订、修订规划和计划时尽量考虑学校的要求和特点。

20世纪60年代，按黄主任安排，我还为37专业科研做了争取、宣传及科研合作的有关工作。

苏联全面撕毁协定，中断援助。军委要求今后几年科研以尖端为主，生产以常规为主。海军提出以"两艇一雷"为主，仿制苏联瓦斯雷。仿制完成后，在海试中发现鱼雷存在一些技术问题。按照海军和部里组织海上会战的要求，在系与35专业研究安排下，三位教师参加海上会战攻关，苗在田等对发射初始横滚和偏深问题提出了建议，取得了一定效果。

31专业在参加1959年上海合作社会议后，葛世炯到海二所参加了24号水雷方案的合作研讨。1966年董大群参加了804江河水雷的研制任务，并担任技术负责人，与884厂合作研制，1968年定型，用于保卫珍宝岛。31专业刘元亨带领部分毕业生从事锚雷科研项目的研究，取得了一定的成效。

黄主任是创建三系的领导者，也是我的良师。在党的领导和同志们的合作支持下，黄主任对三系的创建做出了重大贡献！

海军建设从过去近海防御走向深蓝海域，从为海防建设走向海洋开发，航海学院也从建系初期黄主任带领着艰辛创业，到现今朝气蓬勃的年轻一代科研攻坚。祝在新的院领导带领下，航海学院走向辉煌，贡献更大！

1988年10月在水中兵器学术委员会（江苏扬州）会议期间合影

第一排王震寰（右4）、杨汉（右3）、黄震中（右2）、刘锋（右1），第二排李毓林（右5，中船总军工部总工程师）、叶平贤（右4，海工水雷专家）、赵孟（右3，七院副院长）、刘治平（右2，710所所长）；第一排右5及第二排右1我记不起姓名了

作者简介：刘锋，原三系系主任助理、系副主任、系主任。

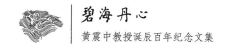

怀念促进我国水中兵器科教事业发展的黄震中教授

◎ 周 岳 李溢池

我们与黄教授交往四十多年，我将记录我们交往的两张老相片（分别拍摄于1956年、1985年）和来信（1996年）保存至今。黄教授给我们的印象是一位文质彬彬的学者，谦逊谨厚，对人、对事认真负责，是众之楷模。今年是黄震中教授诞辰百年，我们回忆我国水中兵器科教事业的开拓者和奠基者之一的黄震中教授毕生做出的许多贡献，也回想起早已被岁月尘封却值得追述的往事。

我们都是1953年前后分别从军队调到哈军工海军工程系（三系）水中兵器专业任助教的。哈军工三系于1953年招收水雷专业第一届学员，1954年招收鱼雷专业学员，学制四年，另有预科一年（后学制改为五年）。西北工学院为了满足我国水中兵器高层次人才培养的急需，建立了我国普通高校第一个水中兵器系。哈军工的培养目标是军事工程师，毕业生可从事装备的设计和研究以及高层装备管理和后勤保障工作。因此，两校在相同专业人才培养和科学研究等诸多方面可以相互交流、相互支持，对我国水中兵器事业的发展起到显著的推动作用。

1956年8月，黄震中教授担任西工大水中兵器系系主任，立即开始筹建工作。他上任不久，就带领20名青年教师到哈军工三系进行专业考察和研修学习，重点学习鱼雷和水雷专业。黄教授和老教师刘钰、叶祖荫则到鱼雷专业，他们重点是向哈军工聘请的苏联专家学习。当时，哈军工的教学计划、专业建设、课程安排基本是按苏联总顾问、各系顾问和各专业专家的意见执行，共有50多位苏联专家。哈军工和三系的领导都大力支持西工有关新专业的建设。黄教授通过上级机关和哈军工的领导同意，1954年，派了6名本科学生（石焦华、杨保生、薛庆安、时相坤等）随鱼雷专业第一届学员一起按军人统一要求同班学习，直到1959年毕业，再回西工大任教（石焦华因病去世）。

黄教授在哈军工时间短暂，约半年，但与鱼雷和鱼雷射击指挥专业的教师们建立了紧密的关系。这里有一张1956年在哈军工的宝贵合影，其中有西工大黄教授、刘钰、叶祖荫、苏联专家库涅茨及其夫人和克洛勒柯以及我们的教师们，这是两个学校相同专业密切合作开端的见证。从那时开始，我们就与黄教授一直保持着密切的联系和交往。

哈军工鱼雷及鱼雷射击指挥仪教授会部分同志合影（1956年冬）

后排左2为克洛勒柯（苏联指挥仪专家）；中排左起为库涅茨夫人、库涅茨（苏联鱼雷专家）、刘钰、黄震中教授、叶祖荫；前排左起为周岳、赵国华、马世杰、王明和、季鑫泉、李溢池

西工大三系在黄震中教授的带领下，积极参与国家水中兵器的型号研制和技术攻关，发挥了不可替代的重要作用。早在1958年，国家为了加强鱼雷的研发和制造能力，海军司令部军械部成立了第二研究所（设在上海市内的复兴岛，是705所的前身）。同年，西北工业大学成立了五零研究室，后发展为五零研究所，黄教授任该所所长。在后期，研究所、高校均成为我国水中兵器研发的主力。在20号自导反潜鱼雷的改型方案论证中，黄教授带领青年教师积极参与，所提方案在20号二型

鱼雷中被采纳，并想方设法开展关键技术的摸底和攻关。在此基础上又转向反舰自导鱼雷的攻关和研制。首先与872厂结合，研制成功单平面被动声自导系统，该系统是仿苏鱼雷产品。在此基础上，西工大三系更注重创新，提出了先进的鱼雷单平面主被动自导系统和小型电控系统替换机械式系统。上述学校的科研成果最终交由872厂和874厂制造和生产。一个只有近百名教师的系在我国水中兵器型号研制中发挥了十分重要的作用，实属不易，充分体现了黄教授重视科研的指导思想，以及重视培养提高年轻教师的教学和科研能力。西工大三系所培养的高技术人才，在我国水中兵器行业中表现出色，涌现出一大批厂、所领导以及型号总师和技术骨干，为我国水中兵器的研发和生产做出了突出贡献，这些都是与黄教授的领导密不可分的。

由西工大三系培养的优秀青年教师杨保生任鱼×鱼雷总设计师。该鱼雷是第一代核潜艇配套的主战鱼雷，自20世纪60年代中后期开始研制。如前所述，杨保生也是1959年哈军工鱼雷专业的第一届毕业生。他们是1954年入学，按期应1958年毕业，由于那时全国都经历"大跃进"，高校与工厂结合大搞科研。1958年3月该班学员都下到沈阳724厂（又名东北机械制造厂，是日本人原先的巨型兵工厂，原打算生产苏联氧气鱼雷，已有全套进口图纸）实习。这一年多的毕业实践对他们的成长很有帮助。杨保生也成为我们两校联合培养水中兵器优秀人才的典型。

黄教授不仅是西工大水中兵器系的领导，而且他个人在鱼雷总体的学术研究方面也成绩突出，他撰写的《鱼雷总体设计》一书一直是我国水中兵器行业的权威著作。20世纪50年代，哈军工鱼雷教授会主任赵国华教授按苏联专家提供的资料编写《鱼雷设计》一书，其中有关鱼雷总体的论述比较粗浅。后来，黄教授在深入实际和认真研究的基础上，撰写的《鱼雷总体设计》比苏联专家的资料深入，并扩大了许多，对我们帮助很大，成为我国第一部全面系统论述鱼雷总体设计的专著，是我国广大鱼雷科技工作者的重要参考书。

黄教授在教材编写工作中也给予了我们大力支持。20世纪90年代，鱼雷科技发展迅速，我们在广泛收集整理国内外相关材料的基础上，编写了《现代鱼雷》一书，得到黄教授的大力支持。该书初稿写好后，特邀请黄教授撰写序言。为此事，1995年我们还专门到黄教授家中去过，送上该书的初稿，受到了黄教授的热情接待，他愉快地接受了我们的邀请。后来，他仔细审阅了全书，提出了宝贵建议，并亲笔为我们写了该书的序言，随信寄给我们。我们将黄教授的来信及工整的亲笔序言保存至今。

黄震中写给海工李溢池教授的信

黄震中写给海工《现代鱼雷》一书的序言

水中兵器学会是全国水中兵器行业的学术组织，黄教授为水中兵器学会的建立和发展做出了重大贡献。改革开放后，1980年中国造船学会水中兵器学术委员会成立，黄教授自第一届学委会起连续担任副主任委员，并担任鱼雷学组组长。全国水中兵器学会学术交流大会每两年举行一次，鱼雷学组的学术交流会每年举行一次，黄教授都非常积极地组织和参加。每次学术交流后，他还要认真组织对交流论文进行优秀论文评审，选出一、二、三等奖的论文，以及可以在《水中兵器》刊物上刊登的论文，这里有大量细致的工作，黄教授都在百忙中抽出时间确保完成。为了促进学术交流，水中兵器学会还主办了学会的刊物《水中兵器》，黄教授是创始人，并担任主编，这是当时全国水中兵器行业唯一的学术刊物，黄教授付出了很多心血，有力地促进了全国水中兵器行业的学术交流。黄教授是我国水中兵器学术交流的重要开拓者和倡导者。

黄教授为我国水中兵器的教育、科研和学术交流事业奋斗了一生，奉献了他毕生的才智和精力，为我国水中兵器事业做出了突出的贡献，我们十分怀念他。希望今天的西工大航海学院继承和发扬黄教授的敬业和奉献精神，为我国建设海洋强国做出新的、更大的贡献。

第三届全国水中兵器学术年会合影（1985年10月于青岛，前排右11为黄震中教授）

作者简介：周岳（现年96岁），1948年毕业于上海交通大学造船系，毕业后到福建海防前沿；1953年到哈尔滨军事工程学院任教；1962年按建制调至海军工程大学任教师，1980年任副教授，1987年离休。

李溢池（现年92岁），1949年由广东海事专门学校轮机系调至大连海军学校，后分配到青岛基地LST舰，任副机电长约两年；1953年到哈尔滨军事工程学院任教；1962年按建制调至海军工程大学任教师，1980年任副教授，曾任教研室主任，1982年秋曾赴英国考察海军装备，1987年离休。

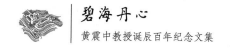

缅怀黄老

◎ 程镛盘

黄震中老教授作为我国水中兵器的奠基人,不仅胸怀博大、爱岗敬业,还是位和蔼、慈祥的长辈。在纪念黄老诞辰百年的日子里,我不禁浮想联翩,往事历历在目。

一、黄老是我国水中兵器事业的一位奠基人

1956年周恩来总理亲自主持召开了我国十二年科学技术发展规划会议。黄老加入了海军水中兵器规划组,是规划组的重要成员。

水中兵器规划组对我国水中兵器科研、教学、生产的创建与发展做出了全面安排,随后水中兵器事业步入正轨。首先相关院校设立了水中兵器专业,西北工学院(西北工业大学的前身之一)于1956年成立了水中兵器系;1957年开展了技术引进(引进了三型鱼雷图纸、资料);相继建立了水中兵器科研机构,于1958年成立海军第二研究所,在西北工业大学成立水中兵器研究室(代号"五零研究室",后发展为五零研究所,1960年与海二所合并);同时专业生产厂开始筹建,还聘请苏联专家来华讲学、工作;等等。

当时705所科研工作的重点是在消化引进图纸资料的基础上,采取从仿制入手,过渡到自行研究设计(即所谓的摸着石头过河)的科研途径,专业生产厂同步进行产品仿制生产。随着相关院校培养的专业毕业生陆续加入,水中兵器事业的队伍日益壮大。

这些事实都说明海军水中兵器规划组为我国水中兵器事业做出了奠基性工作,黄老作为奠基人之一功不可没。

二、黄老帮助705所开展科研工作

我国鱼雷科研是白手起家，为聚集各方力量，助力科研，705所杨汉所长提议成立鱼雷科研合作社，邀请相关院校、院所、工厂和上级机关，于1959年夏在上海沧洲饭店召开了成立大会，西北工业大学是其中的重要成员。为落实会议精神，10月初杨所长率705所一行六人到西北工业大学三系（航海学院前身）访问，商谈合作事宜，得到寿校长、黄教授的热情接待，还参观了学校风洞等大型设备，商谈是真诚、愉快的。杨所长离开时留下我继续商谈一些细节，因而我有幸在黄老身边学习月余，倾听黄老的亲切教诲。

在黄老亲自安排下，1960年10月初王震寰书记带领西北工业大学五零研究所的十多位同志到上海与705所合并，此举壮大了705所的科研力量。在黄老的支持下，院所间学术交流、技术合作不断，詹致祥老师到705所举办鱼雷流体动力学讲座，贾继儒老师讲授鱼雷螺旋桨设计理念，将苏联专家讲学的整套教材整理编辑后提供给705所科研人员学习，之后不断地输送鱼雷及发射装置人才到705所。黄老积极帮助705所科研成长的诸多事例，705所一些老同志至今仍铭记在心。

三、黄老对晚辈的细心照顾

黄老对晚辈的细心照顾，我记忆犹新。黄老亲自安排陈景熙同志负责帮助我的日常工作学习和生活。我在系里各教研室学习时，还得到了刘钰、刘锋等众多老师的帮助。

1959年10月初，西安仍是秋高气爽，哪知到了11月初却下起了鹅毛大雪。清晨，陈景熙老师冒雪给我送来棉大衣御寒。有一次三系给我送来羊肉泡馍票，虽然我是不吃羊肉的，但心里却是非常温暖，要知道那时供应很紧张，食品都凭票供应，而且系里也只能分得很少的几张泡馍票。在三系的那些日子，黄老对晚辈细心周到的安排，让我过得充实且愉快，受益匪浅。

作者简介：程镛盘，男，1933年2月生，中共党员，研究员。曾任中船705所副总工程师兼任昆明分部总工程师，享受国务院特殊津贴。

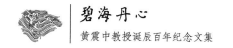

在黄震中教授领导下，为三系建设艰苦奋斗的岁月

◎ 上官信

收到航海学院发给我的"纪念黄震中教授诞辰百年征文邀请函"，我十分高兴，学院举办这一活动是非常有意义的。我作为三系建系和发展时期在黄震中主任领导下艰苦奋斗几十年还健在的老同志，对三系建系之初艰难创业的岁月记忆犹新。

1956年8月，西北工学院教务长陈明炎约我谈话，说因学校新建国防专业的需要，将我调出水利工程系去三系任教，为新建的三系讲授流体动力学课，送我去北航进修两年。按照计划，我1958年2月回西安，4月起为三系进修教师班开设流体动力学课，8月正式调入三系，成为三系的一名教师。三系当初是在西北工学院设立的水中兵器系，有水雷设计及工艺（31）和鱼雷设计及工艺（35）两个专业。在黄震中主任的领导下，我先后兼任301教研室主任、三系系主任助理等行政工作。三系的专业在国内普通高校中尚属空白，专业基础课和专业课的教材急需编写。当时除了苏联专家札阿洛夫来系讲学的材料外，我们自己还根据俄文参考教材，重新编写为"31-2"专门化专用教材《30502设计讲义》（北京科学教育出版社，内部发行），连图册在内约50多万字。为了跟踪国际上的先进技术，我组织翻译了英文书《水下爆炸》作为教学参考书（1961年国防工业出版社出版，全国发行），还为高年级同学编写了"水下物理场讲义"，扩大了他们的专业视野。

黄震中主任十分重视科学研究工作，建系之初就成立了水中兵器研究所（也称"五零研究所"），领导我们参与了我国水雷项目的研究工作。之后，我和301教研室3位教师参加太原884厂与三系共同提出的703产品项目的总体组研制工作，达4

年之久。为了赶703项目的研制试验进度，我和另一位老师（后来是三系的博导）做过两件极其危险且困难的工作。虽然时间久远，但因当时的奋勇行为是危及生命的拼命精神，所以我永世难忘！

1977年8月1日我因工作需要，离开了三系，被调至陕西省国防科工办兵工局工作。从1956年8月至1977年8月，我在三系工作了整整22年。建立三系初期的一切艰难困苦，我们那一代都咬牙坚持挺过去了！我对现在航海学院的教学、科研、实验室建设的辉煌成就和光辉未来表示热烈祝贺！

黄主任虽然比我大11岁，但是每次无论是我找他请示工作或是他主动找我布置工作，我从未感到他是一位严肃的领导，他善良、亲切、轻声细语、诚恳敦厚的谈吐及平等待人的品格，倒像是一位亲切、真诚的老大哥在和你商量该怎么做这件事。我常是疑难而去，欢快而归。黄主任是一位慈善的长者，不仅业务上循循善诱，教学相长，生活上也是细致关心，温暖有加。所以，我不仅钦佩他为三系建设和我们一起兢兢业业，真抓实干，而且很敬重他待人真诚的人品情怀。嗟乎！他虽仙逝多年，然经忆及，似言犹在耳，音容宛存。

作者简介：上官信，原西工大三系教师。1977年8月调至陕西省国防科工委五局，先后任科研处处长、六机处长；1983年任兵器工业部第212研究所所长；1985年任陕西省科委正厅级常务副主任；1986年调任陕西省科协党组书记，至1997年离休。

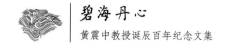

回忆和黄震中主任相处的日子

◎ 王化民

黄震中主任离开我们23年了，可是每当我闭目回忆，他那亲切的音容笑貌，宛在眼前。在我心目中，他是一位学界前辈，一位忠厚长者，一位教我如何做人、如何做事的良师。

在纪念他诞辰百年的时日里，我谨记录几段与他相处的日子。

一、跟随黄主任做专业调查

1965年3月，黄主任率领我和赵连峰对鱼雷专业做了一次调查，目的是对专业的教学计划和培养方法进行评估。三系1956年开始招生，自1961年首届学生毕业算起，已毕业三届学生。那时，我是305教研室副主任。

我们第一站是上海。那时七院五所（鱼雷）和十所（水雷）还没有分家，都叫五所，总部设在扬州，上海和洛阳各有一部分。在上海的是鱼雷的几个研究室，设在复兴岛。黄主任在那里听取了几个室领导对我们毕业生的评价和意见，也召集了毕业生座谈会。由于黄主任在学生中有很高的威望，见他来了，学生们都很高兴，大有久别遇亲人的模样，谈话都很认真，也很诚恳。

然后我们到了镇江，准备从那里过江去扬州。在镇江，我们游览了金山寺，并停留了一晚。在游寺时，黄主任带我们爬上了那个最高的慈寿塔。此塔高36米，砖木结构，七级八面。那时长江离金山寺不像现在这么远，仿佛长江就在脚下。恰遇阴天，风又大，从塔上望去，明显感到长江一浪比一浪汹涌，大有"水漫金山"之势。越往上爬，塔面越窄，觉得风在增大，塔在摇晃，我有些害怕，便想去扶护一下黄主任，他说不要紧，依然谈笑自若。

次日早晨我们乘摆渡轮过长江。那时还没有润扬大桥，只有摆渡。船上柴油味很刺鼻，好在不到半小时就到了北岸。在江北岸，五所的办公室主任赵国范带两部车在迎候。赵国范穿着很新的白色海军军服，佩大尉肩章，对黄主任立正，行军礼，然后握手问好。黄主任带我们乘一辆很新的黑色大轿车，去了扬州的五所总部。

下午，五所领导正式接待黄主任和我们。所长杨汉和政委（不记得名字了）都穿着正式军服，佩戴大校肩章。杨所长和黄主任很熟，共过事。在接待会上，他对黄主任说："我们都很熟悉，你这次来，不用客气；你觉得怎么样好，我们就怎么样办！"政委也对黄主任表示欢迎，还说："你们这样深入实际，做调查研究，值得我们学习！"到那天，我才理解，穿正式军服，佩肩章，这是一种礼遇，说明五所对黄主任很重视，高规格接待。

黄主任听了五所人事部门的综合汇报，对我们毕业生总体评价很好。那时，我们首届毕业生（1961届）才工作三年半，第二届（1963届）才工作一年半，但有些已初露头角。黄主任又召集了毕业生座谈会（含水雷专业），听了他们的意见。

告别了扬州，我们又去了洛阳。那里还有一部分科室，我们也听了室领导和毕业生的意见。

我们的下一站是山西侯马的874厂，那里有鱼雷专业的三四十名毕业生。从洛阳去侯马，颇费周折。我们先从洛阳乘火车到三门峡；再乘汽车向北，到茅津渡；再从茅津渡乘木船横渡黄河。幸而那时是枯水季节，河面不宽，木船虽相当原始，但没遇到什么风险，不长时间就渡过河去。河北面就是山西的平陆县。在河滩坑坑洼洼的土路上走了好一阵，才到平陆县城，山西人把这里叫"平六"。在这里等了近两个小时，我们才坐上去运城的汽车。在运城又等了几个小时，才乘上去侯马的火车。从洛阳出发是早晨，到侯马已是傍晚。这近十个小时的奔波，有些辛苦，但黄主任和我们年轻人一样，自提行李，走土路，坐在土台子上等车，在小铺子里吃面条，没有一点架子。

侯马那时好像还无公交，我们下车后又不知路，只好叫了一辆用自行车牵引的架子车。三个人坐在架子车窄窄的车帮上，要紧紧地抓牢车帮。就这样，一路颠簸

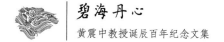

地到了874厂。我想,黄主任可能是第一次坐这样的车子。

我们一行人在侯马见了很多学生。这里是工厂,又在筹建阶段,而侯马又是小城市,供应也不好,同学们生活条件都比较差,住平房,自己打煤饼,冬天无暖气,粗粮比例也比较高。和同学们交谈时,黄主任先对他们在艰苦条件下努力工作表示了慰问和鼓励,然后听取了他们的意见。因为在工厂遇到的主要是工艺问题,同学们普遍反映这方面的内容在学校学得比较少。

我们在侯马停了两三天,就回到了西安。那时车次少,到西安时公交已停,我们只得坐三轮车返校。按黄主任的级别,是可以要车接的,但他不提这个。

这次调查全程大约10天,我和连峰一路跟随黄主任,深感他平易近人、甘于吃苦、勤劳节俭的优良品德。

回校后,赵连峰执笔形成了一个调查报告。现在留在印象中的是,用人单位对我们毕业生在政治和业务两方面都是满意的。至于毕业生们的意见,大致是分在研究设计部门的觉得设计知识学得还不够,分在工厂的则觉得工艺类知识学得不够。这就促进我们在修订教学计划时仔细斟酌,求得合理的平衡,同时提高相关课程的教学质量。

二、和黄主任去青海湖靶场实习

1972年8月,经我们提议,系领导同意,黄震中、贾继儒、时相坤和我4人去青海湖鱼雷靶场参观实习。那时黄主任的领导职务尚未恢复,他以普通教师的身份参加这次实习,对外介绍是"黄教授"。

我们8月20日下午动身,天很热。火车车厢在烈日里晒了大半天,我们下午3时左右进入,真如蒸笼,座位和靠背都烫手,想去擦把脸,又无水,更不用说喝水了。那时,没有瓶装水卖,车上无水,人只有干熬干渴。好不容易到宝鸡,才给车上了水,那时天已擦黑,最热的时间也过去了。在那段蒸笼时间里,黄主任不急不躁,安然地受着煎熬。我们次日天亮前到了兰州,接着换上开往西宁的火车。越走越荒凉,尽是黄黄的山,好像没有什么植物。我们在中饭前到了西宁,住进离车站不远的一个招待所。

在西宁短暂停留后，我们要去靶场了。打听到那里叫"151信箱"，因距西宁市151公里而得名。我去买汽车票时说："我们有位老知识分子，请买的座位靠前一点！"售票的那位三四十岁的妇女瞪我一眼，说："知识分子有啥了不起！知识分子才更要改造嘛！"给我撕了四张票。我大声回复："我说的是一位老知识分子，人家坐火车是坐软卧的，教授！"随后就离开了窗口。回到招待所，我把这事告诉大家，黄主任笑着说："你说这干啥嘛！"其实这次出来，他和我们一样，一直是坐火车硬座。

从西宁坐上汽车，越走海拔越高，经过四五个小时的颠簸，我们到了青海湖鱼雷靶场，靶场位于青海湖的东南一角上。我们住进招待所，两人一间，黄主任和贾继儒一间，我和时相坤一间，黄主任又是和我们一样。晚上睡觉睡得黏黏糊糊，不容易醒。第二天早上去食堂吃饭，走一小段上坡路，我们就觉得气喘。吃饭时，觉得气不够用，咀嚼一会儿，要停下来，用嘴喘喘气，然后再嚼。这些现象都是因为这里海拔已是3200米，算高原了。听说，同样体积空气中的含氧气量只有西安的75%。在这里，只要86℃，水就烧开了，说明气压低了很多。

在这里工作的毕业生，有1961届的3人，名字是赵武学、李蔚坤和赵元斌；1963届1人，叫刘鸿宾；1967届1人，叫桑兆安。由于黄主任来了，学生们分外高兴，也特别重视。1961届的李蔚坤先到招待所来看我们，并介绍靶场的全面情况，这也是场里给他的任务，之后他就成了我们的联系人。

在随后的日子里，我们参观了准备鱼雷发射的车间，细看了发射台的结构和各种设备，还远远地看到了几只舰艇，这里戏称为"西海舰队"。

等了几天，我们看了一次台上发射，打了五六条雷，跑得都不错。隔了几天，我们又随快艇出海，看了一次快艇发射。那天早晨，装好鱼雷的快艇在码头上等我们上艇。这时我们看到两艘捞雷船，先离码头开出。在一个湖面上，同时有两条艇开动，声响轰轰隆隆，机器冒着白气，柴油气味又很浓，看起来还颇为壮观。这三条艇就是"西海舰队"的大部分家底。捞雷船先开到五六千米开外的地方，即预计鱼雷出水的地方等着，然后我们的快艇开动了。快艇越开越快，速度达到40多节，发射了鱼雷。快艇开起来，本来浪就大，鱼雷的入水又激起更大的水花，眼看着一大片白花花的水向艇上扑来，我们的头发完全湿了，身上衣服倒没有湿透。发射完

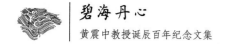

后,快艇也就停了下来,他们向空中打了两发红色信号弹,告诉指挥部和捞雷船,发射已经完毕。黄主任已是50多岁的人了,湖上风大,又浇了一头水,但他依然兴致很高,专注地向远处捞雷船的方向眺望着。

黄主任还应邀给场里讲了一次课,我们旁听了。由于听众主要是工人,而且相当一部分是青年徒工,所以黄主任只能从基础知识讲起,一步步深入。我记得他以"稳、准、狠"三字概括对鱼雷的要求,通俗易懂,不仅听众有收获,对我们这些搞鱼雷教学的人也有启发。

学生们都要请黄主任吃饭,我们三人自然也跟着沾光。黄主任买点饼干糖果作为礼物带去。饭菜有丰有简,但都能看出主人的一片诚心,我们都很受感动,也吃得很饱。

黄主任还带我们访问了几户藏民。这是在几位毕业生的陪同下去的,他们已经会说一些简单的藏语。我们和藏民谈了话,仔细地看了藏民的帐篷,做饭的锅灶,睡觉的地铺,晒牛粪的地方。我们送他们一点糖果、香烟,也享用了他们的奶茶。藏民对我们很友好,很礼貌。

到10月1日,这里飘雪花了,我们就返程了,10月3日返回学校。此次参观实习,我们和黄主任共处44天。他和我们坐一样的车,吃一样的饭,住一样的房,没有任何特殊。他对我们几个亲切友爱,视如小弟,亦增加了我们对他的尊敬。

三、在大荔香料场劳动

1974年6月,三系支援夏收的人员被分配去了大荔农建师的香料场,其中就有黄主任。这个香料场种植香紫苏和薰衣草两种植物,我们去后,在农场工人的指导下,从事采花、打杈、锄草等田间工作。黄主任那时已54岁了,前几年还患过坐股神经痛,有过"间歇性跛行",那时虽然好了一些,但参加这样的田间劳动,对他来说仍是很苦的。

这里要说的是一个"突发事件"。我们在香料场住的地方是一个正在建设中的厂房,房子颇高,也很宽敞,其时,刚刚在房顶上铺了芦苇编的箔子,又抹了一层厚泥,正等待盖瓦。在房子内的地面上,铺了很厚的麦草,没有席子,我们就把自己带的被子打开，打通铺，睡在上面。我和黄主任挨着睡，我的另一侧好像是詹致祥。劳动了一天，累了，大家躺下很快就睡着了，还有几处鼾声。头两天挺好，谁知第三天夜里，大家在睡梦中突然被泥水浇醒。原来外面下起了暴雨，房顶的泥被大雨浇成稀泥，连泥带水就顺着箔缝哗哗地流了下来。一时人声鼎沸，乱作一团，纷纷穿衣卷被。外面电闪雷鸣，大家都不知如何是好。突然，黄主任说他的眼镜找不着了，在麦草里扒拉。我害怕慌乱中眼镜被人踩碎，连忙弯着腰和他护着那块地面，帮他寻找，好不容易在半湿的麦草中找着了那副浅色眼镜。那时我们的身上、头上、脸上已满是泥水，十分狼狈。幸好香料场的农工们多数是年轻人，这时跑来了，吆喝着说跟他们走。他们有些还拿着雨伞和塑料纸，我们抱起行李低头快步跑进一个工棚。雨依然下得很大，我们在工棚里平复心情，擦干身上的泥水，坐着等天亮。这时的黄主任似乎还有点兴奋，脸上挂着微笑，好像这场突如其来的夜雨给他增加了经历，带来了些许冒险的喜悦。过了大约一小时，农工们抬了一大桶姜汤来，我们都喝了热热的一大碗。

篇幅所限，我与黄主任的过往，就只写这几个片段。琐琐碎碎，缺少提炼，或能些许表示我的敬慕之情，却很难全面表述黄主任的可敬之处。

从我1957年到系认识黄主任，到1979年调离，与黄主任共事22年。我不记得他有慷慨激昂，也不记得他有长篇议论。但他多年的勤勤恳恳，任劳任怨，亲切友善，平易近人，就在不言中，在潜移默化中，教会我怎样做人，怎样做事。

黄主任确实是我们那一代人的良师！

作者简介：王化民，1936年1月生，陕西渭南人，中共党员，教授。1953年考入西北工学院机械系，1956年3月被选送北京工业学院学习，1957年9月到305教研室任教，主讲过鱼雷设计概论、鱼雷控制仪表等课。1960年冬到1966年7月任305教研室副主任。1972年起参加小型深度电控系统的研发工作。1979年4月调至陕西工学院任教。曾去英国进修两年，回国后从事自动控制理论的教学和科研工作。1987年8月至1997年3月，任陕西工学院院长。1989年4月，受聘为西北工业大学航海工程学院指导委员会副主任。

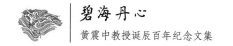

浩渺行无极，扬帆但信风

◎ 陈景熙

黄先生是我的大学老师，当时我是他所带课程的课代表，或许因为这个关系，他把我调到了新组建的三系（水中兵器系），让我与大海结缘，从此决定了我的一生。

1956年，三系初建时真是一张白纸，国家急需水中兵器人才，在宣布建系的同时就招收了首届学生。虽然当时条件全无、时间紧迫、困难重重，但现在看来也有两个利好因素。一个因素是人，集结起来的教师和学生都是二三十岁的年轻人，都经历过抗日战争的苦难，怀着对专业敬畏之心走到一起，是一个具有潜力的集体。另一个因素是国家，1956年第一个五年计划已经开始，苏联援建的156项工程中就有4个水中兵器项目正在筹建，急需人才。三系建设获得国家支持是可以期待的。

我和黄先生相交40年，感悟到他的教育理念可以产生巨大的能量。这个能量就是"团结奋进，勇于探索"的系风。基于这个能量，我们这个新组建的系，培养出两位工程院院士。因此，我们三系的毕业校友常说："西工大三系就是我国水中兵器界的黄埔军校。"

黄先生教育理念的核心是"授人以渔，不是授人以鱼"，这个理念既来自传统文化，又是三系所必需的，因为教师和首届学生对水中兵器的认知都是从零开始。黄先生从不包办或代替任何人的工作，总是创造多种学习机会，发挥青年教师的主动性。我的感觉是他在默默地给我们"压担子"，为我们创造学习机会。如果我是一只帆船，他就是扬帆但信风的"风"。

浩渺行无极，扬帆但信风

陈景熙与黄先生在青岛

1956年，集结起来的教师到哈尔滨军事工程学院学习。1957年学习结束的教师分批回校，那时已经有两个专业的教研室建立起来了。鱼雷专业305教研室设立了6个教学小组：鱼雷总体、流体、动力（发动机）、控制（仪表）、构造和工艺。我被分在鱼雷总体教学小组，黄先生也在这一组。聘请的水雷和鱼雷方面两位专家已经到校，筹备工作已经就绪，三系这艘航船即将起航。

起航，1958—1960年

这三年是三系最困难、最重要的时期。在这三年里要把经过学习和未经学习的青年教师都培养成合格的教师，以人才代教材，建设实验室（包括基建），开设全部专业课，向国家输送首届毕业生。

1. 1958年，困难中的跃进

这一年系里宣布了两件大事。

一件大事是确定三名两年制的在职研究生，水雷专业是董大群，扫雷专门化是王大森，鱼雷专业是我。20世纪50年代研究生是极少的，原本我们根本没有资格，一定是黄先生做了很多工作后才促成的。我的导师是专家索洛维耶夫和黄震中教授。另两人的导师是专家札阿洛夫和刘元亨讲师。

另一件大事是增设两个新专业。黄先生向苏联专家了解到，苏联不仅有鱼、水雷总体专业，还有鱼雷自导专业，同时也考虑到十分需要与其紧密相关的水声技术，并根据我国引进苏联声自导鱼雷后对该方面技术和人才培养的迫切需求，于是向学校和部里打报告，增设"鱼雷自导与非触发引信"及"水声工程"两个专业，并聘请相关苏联专家。1958年上级批准增设专业后，黄先生就安排刘锋协办。最终决定：

（1）抽调青年教师中的一些同志组建教研室，其中包括肖金硕、狄正彭、关铜、华永和等人。

（2）从三系首届学生和兄弟系在读生中抽调一些人组成预备教师，由刘锋向303教研室的专业预备教师讲解鱼雷自导原理，也向305教研室的教师做了介绍。

这两件事显示了三系领导的远见，尤其是第二件事对三系的发展起了决定性作用。

2. 1959年，转折中的机遇

1959年中苏关系开始恶化，但是鱼雷自导与非触发引信专家高洛霍夫还是按合同来到了学校。原来的两位专家两年聘期已满，在这年暑假后回国，寿校长还主持了欢送会。

在专家撤走前，黄先生为我安排了一个电动反潜鱼雷的总体设计任务，这个总体设计是专家所讲内容的综合运用。专家所讲的内容在苏联被称为"推进性总体"，是我们总体设计教材的框架。概括地说就是在鱼雷总重量和总体积的限定下，如何让鱼雷跑得更快、更远。设计时要确定鱼雷五大战术技术指标：口径、总重、总长、速度V和航程E。设计评价标准是EV^2。内容包括鱼雷外形设计，发动机和能源的确定，以及雷头、能源舱、发动机舱和雷尾的全雷布置草图绘制。设计完成后，经过答辩被专家评为4分。这个设计使我初次建立起对鱼雷的总体观。

1959年底，水中兵器合作社会议在上海召开，宣布对20号自导反潜鱼雷、22号尾流自导鱼雷、24号水雷进行合作研制，从此我们走上了自主研发之路。在20号鱼雷的研制分组会上，黄先生让我把原总体设计的内容作为方案在论证会上进行介绍，海二所的程庸盘也介绍了他们的方案。经过讨论决定统一指标，由两家单位分别做初步设计，再分阶段进行讨论。

在天安门上

左起：陈景熙，刘钰，黄震中，李云魁

3. 1960年，在实践中锻炼成长

这一年一机部在西工大设立了水中兵器五零研究所，黄震中兼任所长，部里派来的王震寰任专职副所长，主持日常工作。系、所统一办公，人员编制分开，三系的一些人转为研究所编制。一场战役即将开始，请看黄所长如何排兵布阵。我记忆中的分组人员如下：

控制组：刘钰、时相坤、王化民。

自导组：刘锋、狄正彭、华永和。

动力组：肖金硕、刘昌旭。

总体组：杨保生、夏恒青、张乃曾、李增楠、陈景熙。

我们都在实践中锻炼成长。例如杨保生被转为研究所编制，随后研究所与海二所合并，杨保生成为海二所20号鱼雷的副总设计师和第二任总设计师。狄正彭为20号鱼雷主动自导方案的制订者。时相坤是鱼4×鱼雷电深控方案的制订者。刘锋和肖金硕由技术管理岗位走上了领导岗位。刘锋在20世纪60年代成为系副主任，80年代接替黄先生成为系主任，为三系的重建尽心尽力。肖金硕担任303教研室主任。这次科研肖、刘二人都是借调到动力组的，因为他们原来是学电机的。王化民调到陕西工学院工作，后来担任院长。而我在这次实践中最大的收获是学会了思考。

（1）我认为我们的研制虽然以САЭТ-50鱼雷为参照，但绝对不是仿制，而是真正的研制，因为我们要把定深器变成变深器，要把单平面被动自导变成双平面主动自导，是真正的创造，所以研制的难点在控制和自导。

（2）自导和控制紧密相关，自导提供目标信息，控制按信息操纵鱼雷运动。控制和引导合为制导，是鱼雷重要的发展方向。

（3）鱼雷的总体观和总体工作。黄先生为总体组配置的人员数量最多，这是因为总体工作量很大。杨保生负责全雷总电路，不是电路图，而是在雷体舱内的走线。夏恒青负责总体布置和衡重。因为要出总图，又调来了构造和工艺教学小组的张乃曾和李增楠。我作为组长，任务主要是负责组内和组外的协调，协调必须有总体观。

（4）我认为总体观应当以"快、远、准、狠、隐"为目标，从战术需要与技术可能两方面做到协调。

我的这些思考得到了黄先生的肯定，特别是第（4）点，黄先生给予了鼓励。

我的这种总体观是在三年来黄先生为我安排的学习和工作中形成的。黄先生是在引导我，让我在实践中逐步领悟。这种总体观对我以后的工作起到了重要作用。我有幸遇到我的两位导师，一位让我懂得什么是鱼雷总体，一位让我学会了如何去思考总体。

与此同时，我认为推进速度和航程与动力系统有关，这是直航鱼雷的总体，对于自导鱼雷，还有操纵性总体。我开始对控制和自导以及两者之间的关系产生了兴趣，这与黄先生的研究方向渐行渐远，但黄先生并没有减少对我的关怀，这种关怀不仅在工作上，还在生活上。我儿子出生后，牛奶不够，黄先生知道后就把他的特供牛奶让给我，有时我上课没去取，还是黄先生的岳父范老先生直接将牛奶送到我家的。正是黄先生的这种关怀使三系形成一种和谐的氛围。没有论资排辈，没有师生界限,总支书记我们可以叫他"老奥",他叫我们也呼名不叫姓。有了这种和谐气氛,怎能不团结奋进呢!

但是仅仅一年的科研实践,就因经济困难,被迫暂停了。上面提到的人也都成为各门课程的主讲老师。

109中间成果鉴定会

前排:杨保生(左1),金卫生(左2),陈景熙(左4),金纪坤(左6),黄震中(左7),吕水清(左8),马远良(左9),周炜华(左10),黄国宝(左11),谢一清(左12)

传　承

1. 20号鱼雷主动自导方案

1965年国家经济好转,科研项目重新启动。11月5日召开了自导方案讨论会,黄先生与狄正彭参加。在会的上海二所与声学所提出了被动方案,狄正彭提出了主动方案。经激烈辩论后,大家认为主动方案很有前景,但浅海混响难度太大,被列为第二方案开展研究。教研室主任肖金硕和狄正彭带领全教研室人员在重重困难下坚持实验研究,至1970年取得成果,但又因经济紧张而被迫中止。

2. 主被动联合自导反水面舰艇鱼雷

很有前景的主动自导被迫中止岂能甘心。这时首届毕业生留校的教师已成为主力,徐德民、谢一清等遂向六机部建议,用主动方案把原被动自导鱼雷САЭТ-50改造成主被动联合自导鱼雷。经过研究决定与874厂联合,并把该鱼雷速度由23节提高到30节,研制项目代号为924。经数年奋斗,终于研制成功。

3. 小型电深控研制

1971年,874厂请求305教研室的教师协助改造924项目,徐德民等发现874厂提出的定深器改造方案只能一次变深,不能满足自导系统的要求,遂建议改用电控,但874厂认为定深器出问题会导致沉雷,风险太大。徐德民又向六机部建议将小型电深控单独立项,成为第二方案。经批准,徐德民召集时相坤、苗在田、王化民和我组成五人研制小组,于1972年开始研制。研制过程中,年轻同志的加入使得我们的队伍逐渐扩大。经五次海试以及与924项目联合海试,最终取代了874厂的方案,构成了西工大三系自导与控制的统一方案,最后924项目就是型号为鱼4×的鱼雷,该项目于1985年获得国家科技进步一等奖。此后又进一步统一方案,用于直航热动力鱼雷改造,完成自导鱼雷鱼1×的定型。研制五人小组也扩大为306教研室全员参与,该项目带动了一个专业的发展。

4. 三系的重建与鱼雷运动仿真实验室

1979年三系重建,增加了36专业,成立了306教研室,我是首任教研室主任。早在电深控研制期间,我们就成功应用了以模拟计算机和电-气转换器组成的单通道半实物仿真系统,取得了很好的效果。在三系重建时,我就建议筹建三通道鱼雷运动仿真实验室,后被列为六机部重点实验室。因为我的制导一体化情结,我还建议实验室与消声水池建在一起,并留窗口以便制导联网,后经刘锋同意并上报。同时我任命康凤举为实验室主任。经康凤举与实验室人员的共同努力,建成的实验室获得了多方面的嘉奖和肯定,是航海学院大型实验室中使用率较高的实验室。我认为刘锋在三系重建工作中为获得六机部支持而做的努力功不可没。事实上刘锋也是黄先生重点培养的接班人,黄先生把第一个鱼雷自导学习的机会交给刘锋,也是看到了他的开拓能力,这也表明了黄先生慧眼识珠,因材施教,这是另一种传承。

5. 制导一体化仿真研究

从20世纪60年代开始,我一直关注着制导一体化问题。在"七五"预研上报项目时,我联系詹致祥、谢一清、李志舜写了一篇《鱼雷大系统的研究方法和问题》在《水中兵器》发表,并上报了预研课题。本意是把自导、弹道、控制联系起来做一些基础工作,将大系统的建模和数学仿真作为重点,在可能的情况下再做一些模型验证的试验和置信度研究,但刘锋从六机部开会回来,立项的却是制导一体化的半实物仿真,直接进入仿真专用设备的研究。对于控制系统数学模型的研究是成熟的,但对自导仿真,没有经实验验证的数学模型是不可能进行半实物仿真研究的。当时,刘锋让我担任组长,刘东启和周彬泰任副组长,考虑按三系重建重点实验室的思路建设。然而,项目尚未正式开会安排,刘锋就被调走了。后来知道立项的归口是国防科工委军用仿真技术专业组,专款拨给六机部,再由六机部分配给西工大和705所,项目延续到"八五"时期。"七五"期间主要是制订项目方案。在此期间,我参加了军用仿真技术专业组两次会议,并撰写了一篇《鱼雷制导半实物仿真问题》在《军用仿真技术专辑》上发表,另外我还和康凤举、刘东启参加了在昆明举行的"七五"经费分配会议。"八五"预研由徐德民负责,他通知我去北京参加经费分配会议,我和吴旭光一同参加了会议。之后,我与徐德民商定将取得的经费平分给了33专业和36专业。由于康凤举完全可以胜任专用设备的选型、研制和调试,而自导仿真的专用设备我完全不懂,所以我退出了项目的具体工作。此项目涉及两个专业的重点实验室,但在当时无法实现联网,作为一个遗留问题,我愿将此情况写出来供后续研究者参考。

6. 鱼×电源备用方案

20世纪90年代,306教研室的部分同志开展了民品开发,周继华、焦正宏、李宏等进行了变频调速、开关电源的开发。1993年,705所的鱼×总师杨保生邀我参加方案评审,周继华希望将他们的研究成果用于鱼×电源。后经杨保生审查,同意作为备用方案,两年内完成,项目经费为180万元。我作为项目顾问参与研制,1996年研制完成，在昆明750试验场交验通过。

1956年我和杨保生来到了三系，1958年至1960年同在总体教学小组和科研小组工作，并同时参加了上海合作社会议，我们都是黄先生的学生。从1956年到1996年，我们共同传承的只有不变的初心。一位首届毕业生在研究所工作多年，后来患上了阿尔兹海默症，口中念念不忘的还是鱼雷。

上述所列举的传承是技术的传承，是教学与科研相结合方针的传承，也是一代一代人的传承，但更是精神的传承。我看过黄先生的自传，作为有良知的知识分子，我们传承的是他认认真真做事、清清白白做人的精神；作为教师，我们传承的是他看到青年学子青出于蓝而欣慰的精神；作为共产党员，我们传承的是他服从党的安排、不忘初心的精神。

在青岛栈桥

左起：宁显宗，叶祖荫，陈景熙，黄震中，苗在田

寄　语

大海浩渺行无极，人类对大海的探索永无止境。我国的海洋政策从近海防御到走向深蓝，从单纯海防走向海洋开发。开发从石油到可燃冰，从吹沙造岛到深海探

密,从我国领海到"一带一路",一步一步走来,每一步都是创新。传承的不是方法,而是精神。我们曾以作为"独生子"而自豪,实现水中兵器从无到有。开发水下航行器对我们来说是一次创新,对全国来说也有竞争,下一步如何发展是否要考虑?过去我们为发展而建设,现在有了不少大型设备和实验室,但利用率如何,如何发挥其作用?设备不用不等于零而等于负,因为要花钱、花人力去维护。学校争取"双一流"要靠实干。

大海航行风云变幻,过去的辉煌都是过眼云烟,只有知难而进,不断创新才有出路。过去的方法不灵,现在的办法必须自己去寻。郑和下西洋始于1405年,哥伦布的大航海始于1492年,中国领先了将近一个世纪。寄语航海学院年轻的朋友们,浩渺行无极,扬帆但信风,向着一流学科团结奋进,这是对黄震中精神最好的传承。

作者简介:陈景熙,中共党员,教授。1956年毕业于西北工学院,留校任教40年。曾主编教材《鱼雷航行力学》,主讲课程"鱼雷总体设计""鱼雷航行力学"和"现代控制理论",承担国家重点型号及国防预研等科研项目5项。

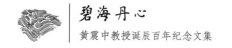

追思黄震中教授

◎ 李 烜

我是西工大三系鱼雷专业第一届毕业生，上学期间曾受到系主任黄震中教授的亲自教导和培养。黄教授为我们讲授了鱼雷总体设计，我受益匪浅，至今记忆犹新，终生难忘。1961年毕业后我被分配至山西侯马我国的第一个鱼雷厂——874厂，曾担任该厂厂长兼总工程师，参与了该厂的建设和我国第一条鱼雷的生产与制造，之后又参与了和西工大三系共同研制的我国第一条主被动自导反舰电动鱼雷的生产制造，还担任我国首例空投反潜鱼雷的副总设计师和总工艺师，领导大家进行该型鱼雷的仿制。1993年我被调至西安船舶设备工业公司和华雷机械电子集团任副总经理兼总工程师。在我国首条重型热动力反潜自导鱼雷研制中我曾任副总指挥兼现场总指挥，直至退休。这一切都与黄教授的培养和教育分不开。

我因住院不便，写就短文，以表对黄教授的追思之情。

作者简介：李烜，1956年考入西北工学院三系鱼雷专业，1961年毕业后在中船874厂工作，曾任厂长兼总工程师。1993年任西安船舶设备工业公司和华雷机械电子集团副总经理兼总工程师。

践行老师教诲，努力奋斗终生

◎ 苗在田

一

黄震中教授是我国水中兵器教育事业的奠基人和实施者，他为我国水中兵器教育事业贡献了毕生的精力。

作为系主任的他，深知办好教育事业，有一支高素质的师资队伍是最根本的，所以他千方百计加强师资队伍建设。聘请苏联专家来校讲学；选送青年骨干教师去读研究生，继续深造；自己直接带研究生；选派一些优秀青年教师到国内有关高校相关专业去进修学习；想办法向国家申请相关的科研项目，组织教师在实际的科研项目和教学实践中修炼和提高。同时，他还身体力行、以身作则，培养了三系艰苦奋斗、无私奉献的优良思想作风和认真负责、严谨求实的工作作风。在那段时间，一个新建的小小的三系，却生机勃勃，逐渐发展成为我国水中兵器行业人才培养和科研攻关不可或缺的生力军。

黄老师深切地关心着三系青年教师的成长，这是关系到三系的教学水平和科研实力的大事情。曾有一次我去找黄老师谈话，聆听了他的教诲，我认真践行了老师的殷切期望。这次谈话使我受益匪浅，甚至影响了我的一生，我至今仍记忆犹新。在纪念黄震中教授诞辰百年之际，我写出来与大家分享。

二

20世纪60年代初，我刚大学毕业，有幸分配到三系305教研室工作。记得当时徐德民、赵连锋和我三人先后到305教研室，他们二人都被推荐到学校的研究生班学习，继续深造，实际上到教研室工作的年轻人只有我一人。刚到教研室，遇到的都是自己的老师，自己在思想上的确有些茫然，这也想学，那也想干。

有一天，系里搞人事工作的同学告诉我："学校想调你去学校教务处工作，负责管理学校实验室建设。"我当时就表示："我不愿意去搞行政管理工作，我还是想搞业务和技术。"他告诉我："现在还没有定，你要是不愿意去就赶紧向教研室、系里反映，否则定下来就不好办了。"

后来我就找了教研室刘钰老师。刘老师告诉我："还不知道此事，我们也不同意放你走，你安心学习和工作，我们会向系里反映，你若有机会也可直接找黄主任谈谈。"

作为一个刚参加工作的青年教师，要去见系主任，我心里还是有些紧张。一天上午，我带着紧张和不安的心情，去见了黄老师。一进去，黄老师见了我，就说，"在田，你过来！坐下说，有什么事？本来我还想找你谈谈！"听到黄老师这样说，我的心才放松下来。我向黄老师表达了我不愿意去管实验室建设的想法，因为学了五年水中兵器专业，我还是有感情的，愿意为海军装备建设尽一份力，希望能留在教研室，从事专业技术和教学工作，不愿意去搞行政管理工作。黄老师听后，讲了一番话，概括起来，主要有三点意思：一是还不知道学校拟调我去教务处的事，现在学校在抓教学质量，要稳定教师队伍，一般不会推荐教师去搞行政工作，学校要人时，系里会考虑的。二是我们是水中兵器专业的第一届毕业生，班里的同学大多都分配到了工厂、研究所，水中兵器行业从无到有，到处都需要大家去开创一番新的事业。我们三人留在教研室，徐德民，赵连峰同志又去读研究生了，我在教研室要一面工作，一面学习。三是留在学校当教师，特别是新专业的老师，担子也很重啊！一般来说，高校老师知识面要广，基础要扎实，我现在还年轻，要补一补数学基础，拓宽专业基础面，这样再搞专业才能上得去。黄老师的一席话，让我感到十分震惊，也十分心动。黄老师那么忙，还对青年人的思想那么了解，对我这样的青年人这么关心爱护，我一时不知道该说什么好。我带着十分感动的心情和深沉的思考，给黄老师深深地鞠了一个躬，离开了系主任办公室。黄老师的谆谆教诲是一种期待，也是一种要求，给我指明了要做什么，怎么去做。经过反复思考，我决定再"苦一把"，决不能辜负了老师的期望，要努力达到老师的期望。我一边工作，一边在教师进修班听课。1961年到1963年大约两年多的时间，我学习了张永曙先生讲的微分方程，程云鹏先生讲的线性代数，孙家永老师讲的数理方程，还有复变函数，还跟张庭季老师学英语……教研室的工作还在做，专业课也在学习。那些天，忙是忙了些，苦是苦了些，但苦中有乐，我努力坚持按着老师的教导要求自己，感到生活很丰富，也确实受益匪浅。

到1965年，我作为一名青年教师，已完成教研室安排的各个教学任务，包括讲课、带学生去工厂实习、带学生去海上实习、指导毕业设计等。

1970年到1971年，系上让李增楠老师、王树信老师和我三个人去参加海军组织的"鱼雷会战"。李老师、王老师去了一段时间就提前返回学校。在会战中，我积极想办法提方案，最终以"大鳍板"方案，基本解决了鱼雷初始弹道不稳的问题，促成了该型鱼雷的定型，受到了会战领导小组的好评。

1972年到1976年，我积极参加了学校组织开展的"小型鱼雷深度电控系统"项目科研工作，该项目获得全国科学大会奖。

与黄震中老师在青岛

左起前排：陈景熙，黄震中，宁显宗；
后排：李云魁，叶祖荫，苗在田

三

1976年底，我因个人原因申请调离西北工业大学航海学院，十分无奈地离开了自己喜欢的工作和熟悉的生活。凭借着在三系打下的扎实的理工科基础和丰富的专业知识，带着黄老师在三系培养起的优良的教师作风，在新的工作环境中，我继续奋力向前，为水中兵器事业的发展贡献一份力量。

1977年初，我开始在工厂上班，这是一个鱼雷武器的制造厂。在工厂工作的七年时间里，我先后担任工厂技术科副科长、副总工程师、总工程师，参与组织实施了军工产品的转厂试制，打通了生产线，完成了转场试制任务，参与组织实施了民品开发和生产工作。

1983年，因工厂没有军品生产任务，工厂转产民品生产，所以中国船舶工业总公司又调我到750试验场工作。

1983年底，我到750试验场任副总工程师，负责我国某型水下活动靶的研制工作，任靶雷总设计师。水下活动靶的研制成功，不仅填补了国内的空白，其性能达到了当时的国际先进水平，而且一些性能还超过了国外MK-30靶雷和我国引进的深水活动靶雷的性能。该型水下活动靶获得了国家科技进步二等奖。

1987年，我担任750试验场总工程师，一直到1998年退休。那些年，我负责组织并实施了靶场设施的建设，包括发射系统、水下弹道测量设施、空中弹道测量设施、沉雷打捞设施，显著提高了靶场的试验能力和技术水平；组织实施和完成了鱼雷和其他海军设备的多型试验；组织开展了海军新型装备的研制……这些都为靶场的进一步发展打下了良好的基础。

经过这些年的努力和工作，我曾获国家科技进步二等奖一项，船舶总公司科技进步奖多项，1990年被授予中国船舶总公司有突出贡献的中青年专家，1991年享受国务院特殊津贴，还曾任云南省政协委员。

这些都和我在西工大三系受到的培养和教育是分不开的。每每想起黄震中老师对我的教诲、关心和鼓励，心情就难以平静。深切怀念我的老师和领导——黄震中教授！

看到现在航海学院发展迅速，生机勃勃，蒸蒸日上，我也感到十分欣慰。黄老师的事业后继有人，黄老师的精神和意愿正在进一步发扬光大！

作者简介：苗在田，中国船舶工业总公司750试验场原总工程师，研究员，已退休。1961年7月毕业于西北工业大学鱼雷设计与制造专业。毕业后留校任教，负责鱼雷控制系统设计方面的教学工作。1977年调到工厂工作，先后任副总工程师、总工程师，参与组织并实施了军工产品的转厂试制和民品开发、生产。1983年调至750试验场工作，1987年任总工程师，1998年退休。

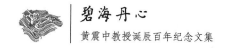

回忆三系初建及黄震中等老师的一些往事

◎ 董大群

我是1953年考入西北工学院机械系的。1956年，西工要增设国防专业，派一些教师和在校学习的学生到外校去学习。1956年3月，机械系三年级的学生李文堂、王化民、黄耀宗和我，被派到北京工学院（简称"京工"）学习炮弹引信。西工机械零件教研室的刘元亨老师，也到京工学习炮弹引信专业。机械系三年级的学生中，还有贾继儒、黄景泉、秦安民等三人到京工学习炮弹专业。1957年，西工新建专业的计划调整，取消了炮弹和炮弹引信专业，上述人员除秦安民外，都于1957年8月前后回到西工，转到水中兵器系（三系），加入了三系的建设行列。

为筹建三系，西工1956年曾派出一批教师、在校学生以及当年分配到西工工作的京工本科毕业生，到哈尔滨军事工程学院海军系学习水中兵器，这是组建三系的主力，领队人是黄震中教授。1957年，又有清华、北大、北航等院校当年的毕业生被分配到三系工作。三系初建时，只有301和305两个教研室。301教研室主任是刘元亨老师，305教研室主任是刘钰老师。我被分配到301教研室水雷专业。三系的实验员大部分来自海军鱼雷和水雷部门的退役海军，也招收了一些中专毕业生和高中毕业生。除此以外，三系还拥有一支从外语院校和工厂俄语翻译中招来的俄语翻译队伍，前后有七八人之多，他们在三系初期学习苏联设备和技术的工作中，发挥了很大的作用。

初建的三系，以苏联列宁格勒造船学院的水中兵器系为蓝本。1957年10月，苏联政府从该学院派两位水中兵器专家来三系，他们是水雷专家扎阿洛夫和鱼雷专家索洛维耶夫。水雷专家扎阿洛夫是格鲁吉亚人，参加过苏联卫国战争，在战争中失去了一条腿和右手四指。他为我们水雷专业的教师开设了两门课：水雷总体设计（主要是锚雷设计）和水雷仪表。在实验室方面，他提出建立立式水塔（观测锚雷定深过程）、压力罐（雷体强度研究）、空投雷入水水槽等大型设备。后来，空投雷入水水槽建成，并将航空照相枪改装成自制摄影设备，记录了空投物入水的过程。扎阿洛夫指导301教研室的三位教师，分别做了空投、潜布、舰布等三型锚雷的设计，并与刘元亨老师共同指导了接触扫雷具设计的研究生王大森。1959年扎阿洛夫回国，开始和我们还有书信来往。他在来信中说，他所在的教研室正在研究"水雷动力学"方面的问题，暗示研究火箭助推水雷。后来，书信中断。直到37年后，我们在圣彼得堡再见到他时，他已经是一位双目失明的耄耋老人。当时，他刚做完手术，病卧在床，我们的到来使他十分高兴，他叫女儿拿出当年在西安的影集，谈起往事，激动不已！

黄震中老师全面主持领导了三系的建立，并亲自授课。我听过他的部分课。黄老师讲课严谨明了，干脆利落，并善于启发学生。他是一位学者类型的人。而在我的印象里，他同历届与他共事的党政领导，如最早的党总支书记赵康乐，以及后来的奥季陆、王振寰、梁启杰、刘锋，都保持着良好的工作关系。他与"海二所"（当时隶属海军的水中兵器研究所）所长杨汉的关系很好，并为三系建设争取了不少帮助。我们这些本来是他的学生，后来又在他的领导下工作的人，也时常能感受到他的关心。黄震中老师克己奉公，严于律己，顾全大局，谨言慎行，尊重同事，这些都体现了老一辈中国知识分子的优良风范。

在这里，我也想到了刘元亨老师。他是我们三系水雷专业的主要奠基人。他最早主持制订了水雷专业的专业培养计划和教学计划，编写了水雷仪表课程的教材。在专业发展方面，他提出，专业基础课要加强电类基础知识，专业发展方向要面向水雷非触发引信。无论从当时的情况，还是从以后的发展来看，这个指导思想，对于在高等院校设置水雷设计这样的专业都是十分重要的。

进入三系学习的第一批学生，是1956年入学的。这批学生中，马远良和徐德民被评为中国工程院院士。水雷专业的首批毕业生中，孙扑毕业后被分到710所，长期主持该所的水雷研究室工作，是我国知名的水雷专家；成俊海，毕业后被分到884厂，曾任该厂水雷研究所所长，为我国早期水雷生产和研究做出了贡献。这些学生，都是三系首届毕业生的优秀代表。

水雷可长期潜伏在水下，对敌构成持续隐蔽的威胁，从而在战略上，以及战术使用上，有其独特的价值，是其他水中兵器难以取代的。自三系建系以来，水雷专业的师生一直期望并追求这种兵器日益先进，以增强我国的海防实力。当今的水雷，得到了计算机、通信、动力、人工智能等领域技术发展的支持，特别是与鱼雷、导弹等兵器相融合，不少过去被认为是天方夜谭的事，现在已经或正在成为现实。水雷已经发展成了能长期潜伏、智能决策、远程攻击的水下武器综合系统的组成部分。在回忆三系初建及黄震中等老师的一些往事的时候，展望未来，我祝愿西北工业大学航海学院的教学和科研，乘风破浪，鹏程万里！

作者简介：董大群，西北工业大学航海学院退休教师。2001年退休前，一直在航海学院（原三系）工作。

初心不改　追梦百年

◎ 张海军

如果说新中国成立之初的国防建设是为了让我们的祖国不再遭受外敌侵略，自强不息傲立于世界民族之林，那么1949年人民海军从长江旁的白马庙启航就是筑起保卫祖国的一道坚固无比的海上钢铁长城。

如果说与共和国同成长的人民海军自成立以来一路扬帆远航，纵横万里海疆，用70余载就完成了海军军种百年才能完成的任务，那么海军装备事业的发展便是人民海军从无到有、从小到大、从弱到强的壮阔征程的缩影。

如果说为建设强大海军提供现代化的一流装备是支撑海军建设加速转型和向深远海稳步迈进的强大支持，是作为国防建设者不辱使命的奋斗目标，那么在千千万万为水中兵器事业奉献的几代人当中，不得不提到他……

黄震中，每每提到这个名字我都激情澎湃，澎湃于他刻苦求知、立志报国的少年抱负；澎湃于他挺身而出、受命临危之时的魄力；澎湃于他作为我国水中兵器教育事业奠基人的德技双馨；澎湃于他作为鱼雷总体设计技术的重要奠基人的历史性意义。

我对黄震中教授的特殊之情源于敬重和钦佩，亦源于机缘。他是我老师，我的母校便是他奉献大半生从事人才培养和科学研究的西北工业大学；他是我的前辈，毕业后我来到了当时全国唯一的鱼雷总装厂——山西平阳重工，成为鱼雷领域的工作者和管理者；他是我的精神传承者，他的航海精神一直激励我兴船报国、创新超越、奋勇直前，以厂为家，带领干部、员工"造国防利剑、做精品装备、建美丽家园"，立志为海防事业奉献一生。

在黄震中教授诞辰百年之际，我谨以他在专业领域对海防事业的引领，结合我

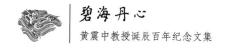

在鱼雷研制历程中的所想所感来表达对他深深的追思。

筚路蓝缕，启国防建设之星辰大海

新中国成立初期，国防建设急需加强。工欲善其事，必先利其器。我国普通高校唯一的水中兵器系与新中国第一个鱼雷总装厂几乎同期在艰苦环境中开始筹划建设。

1955年，国家"一五"期间156项重点工程建设项目之一，国家第一个鱼雷总装厂——山西平阳机械厂（以下简称"工厂"），在山西侯马诞生。同年，高教部决定将西北工学院改建为国防院校。

1956年春，根据海防建设的需要，黄震中受命在西北工学院筹建我国普通高校唯一的水中兵器系。

1957年，国务院决定将西北工学院与西安航空学院合并，成立西北工业大学，水中兵器系全部转入西工大。

在筹划建设过程中，黄震中教授在积极培养人才的同时，相继展开水中兵器科学研究工作。而工厂在大规模建设后，开始接受军工生产任务。

1960年，西北工业大学成立了五零研究所，黄震中任所长，后来该研究所的人员大都成为行业的科研骨干和完成重大型号任务的中坚力量。

1963年，国家对工厂下达军工产品试制生产任务，工厂立即组织实施，安装设备，编制工艺，设计工装。

1966年3月31日，在黄震中教授科研团队技术攻关的基础上，第一枚国产鱼雷在工厂诞生，填补了我国海军装备的一项空白。

工厂与西工大保持紧密合作，将黄震中教授建立的针对鱼雷总体构型设计和结构设计的一系列数学模型和计算方法等研究成果充分运用在鱼雷研发中，先后为国家研制生产了多种型号的更新换代产品，一次次填补了国家空白，圆满完成了各项军工科研生产任务，并取得多项重大科研成果。工厂先后荣获国家科技进步一、二、三等奖等。

1979—1985年，公司军品第二、三型主要产品相继投产。

1995—2003年，军品在三型主要产品批产的同时，安排了更新型号的初、正样雷研制生产。

2004年至今，军品生产进入新的发展阶段，各型现役鱼雷相继研制生产。2004年，山西平阳重工机械有限责任公司成立，体制机制的重大转变更加促进了精品装备的打造。

2011年，山西平阳重工机械有限公司开始军贸产品生产和某两型鱼雷、涡轮机、减震降噪等项目的研制。目前，相关型号产品都在有序的研制、生产和试验当中。

薪火相传，输送水中兵器优秀人才

"大学之大，非大厦之大，乃大师之大也。"1956—1983年，黄震中教授任水中兵器系系主任28年以来，西工大，这个我国水中兵器高层次人才培养和科学研究的重要基地，培养了大批的优秀教师骨干和高等专业技术人才，其中包括我国水声专家、中国工程院院士马远良教授和我国第一位鱼雷专业的研究生、中国工程院院士徐德民教授，为工厂和国家源源不断地培养和输送了大批急需人才。黄教授为国家水中兵器教育事业鞠躬尽瘁。

黄震中教授撰写的《鱼雷总体设计》对工厂鱼雷的研制生产和型号改进有很大的参考价值。他指导的团队编写的《鱼雷航行力学》《航行动力学》《鱼雷流体力学》《鱼雷外形计算》《鱼雷入水》《水下爆炸（力学）》《薄壳结构的基本理论》等24种与鱼雷流体力学、航行力学和结构力学相关的教材，为工厂从事鱼雷研发的技术人员提供了宝贵的知识传承，为他们进行相关科技创新和科学研究提供了重要的知识基础和参考依据。

黄震中教授创建的一批水平先进、特色鲜明的专业实验室，一方面作为教学基地为高校学生开设了各种专业实验课程，满足了教学要求，另一方面也为开展科学研究提供了重要保障。相关实验的成功是产品和项目成型的关键，工厂重要项目开发过程中的重要研发实验，都是依托于这里先进的实验条件和具有特色的专业实验室。

西工大与平阳重工的交流由来已久，工厂从建厂至今，有多名西工大毕业生在工厂任职，并有多名已成长为领导干部和技术骨干，近年来，双方深化战略合作，利用校企合作新模式，开展教学交流，互设培训基地，产教结合共建科研平台，共同研究、申报、转化科研成果。西工大发挥优势，为平阳重工提供急缺人才资源、搭建咨询服务平台、提供人才和项目引进支持、培养优秀人才，平阳重工将结合生产经营实际，为西工大学生搭建就业平台，开展实习实训，安排实践指导，开展捐资助学、赛事冠名等活动，以多种形式助力西工大的人才培养建设，将黄震中教授奉献一生的海防建设和开创的事业一直延续下去。

初心如磐，传承无私奉献航海精神

当初，蜀道天险阻止不了黄震中教授为科学救国而千里求学的脚步，这段历程，磨炼了他稳重而坚毅的品德；当初，满目疮痍和遍地狼藉磨灭不了他坚持学习、出色完成学业的毅力，这段历程，激发了他抗日救国的坚定决心；当初，留居美国的诱惑阻止不了他毅然搭上返回祖国的客轮的决心，这段历程，坚定了他用西方先进的科学技术回国探索民族富强之路的愿望。正是这样的一如既往的初心，淬炼出了他身上"敢为人先、攻坚克难、团结协作、无私奉献"的航海精神。

千帆已过，逝者如斯。凌掠长空，讲不尽他滔滔报国豪情；展尽宏图，述不完他拳拳赤子冰心。踏着黄震中教授开拓的脚印，一代代海防建设者守着航海精神的初心使命传承流转、历久弥新。如今，站在新的历史起点上，我作为一名老军工人，工厂作为我国海军装备建设的主力军和"国家队"，使命光荣、责任重大。进入新时代，在我国进入从陆权国家向陆权、海权兼备国家迈进的关键阶段，在人民海军基本完成主战装备的更新换代，近海综合作战力量支撑多样，远海机动力量常态存在，两栖投送力量厚积薄发的重要时期，我们的初心就是以服务国家战略为己任，以市场前瞻需求引领发展。锐意进取、强军报国、铸扛鼎重器，延续血脉、携手共襄、威镇深蓝海疆。

"为者常成，行者常至。"虽有前辈为我们翻过万水千山，战胜重重困难，但我们仍需跋山涉水，继续攻坚克难。风不曾停歇，追梦人从未止步。

作者简介：张海军，男，汉族，1964年出生，山西运城人，中共党员。本科就读于西北工业大学航海工程系鱼雷设计与制造专业，硕士研究生就读于西北工业大学航海工程系水中兵器学科专业，研究员级高级工程师，侯马市十六届人大代表，享受国务院政府特殊津贴。历任西船公司、华雷集团副总工程师，中船重工西安东仪科工执行董事、总经理，现任中国船舶山西平阳重工董事长、党委书记。先后获得国家技术发明奖三等奖、国防科技工业有突出贡献专家等荣誉。

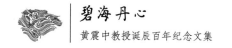

岁月当无悔,铭筑忆海魂

——追忆黄震中教授建系初期工作事迹

◎ 李增楠

人们应该还没有忘记建国70周年大阅兵壮观的场面吧。全国人民以激动的心情为我们祖国70年来所取得的伟大成就感到自豪和骄傲,我们终于有了扬眉吐气的一天。

作为国防事业的亲历者和建设者,70年前新中国成立时的情景依然历历在目。当时的中国刚刚结束连年战乱,国家一穷二白。当时的国家满目疮痍,人民温饱都成问题,更谈何建设。就在这样的条件下,经过一代又一代建设者同心同德、艰苦奋斗,新中国在中国共产党的领导下取得了举世瞩目的伟大成就。在这一过程中我们不应该忘记,新中国成立初期一大批在国外工作、学习的爱国同胞放弃了优越的工作和生活条件,毅然回到祖国,加入新中国的建设。他们回国后不讲条件,不计报酬,被分配到祖国最需要、最艰苦的岗位,为建设新中国默默地贡献自己的青春和热血。我院黄震中教授就是其中的一员。

新中国成立初期,我国国防工业刚起步,当时除了能造几杆步枪,其他能力均不具备。面对国防建设的窘迫形势,正是黄震中教授等这批爱国知识分子承担起国防教育的重担,培养出大批水中兵器建设者,也使我个人对国防事业从陌生到热爱,并激励我在水中兵器事业中奋进。

我是1956年由北京工业学院(北京理工大学前身)分配进入学校。当时正处于第一个五年计划建设时期,苏联援建的156个项目正在全国各地如火如荼地进行着。我满腔热忱报名要求到工厂生产第一线去，可发给我的报到证却是西北工学院，并没有说明承担怎样的工作。报到后，我才知道学校要新筹建水中兵器专业。但这跟当初我希望到生产一线建设祖国的想法相距甚远。虽然想不通，但这也是国家的安排，我依然服从了。见到黄震中教授等一批老同志后，我才知道当时我们国家的水中兵器技术完全属于空白，国内没有任何研究和生产单位，也没有培养这方面人才的学校。在我国落后的国防工业中，水中兵器算是起步更晚、更为落后的一门技术。那些原来教过我们的老师和先期入校的老同志，他们正是在更为艰难的环境下披荆斩棘，用甘于奉献、严谨治学的作风传授知识，而我也要像他们一样在新的专业建设中发挥自己所学。

刚开始我对鱼雷专业一无所知，不但我不懂，所有调来的同志全都是"门外汉"。大家报到后的首要任务就是学习。为了使大家尽快掌握初步的入门知识，系主任黄震中教授带领所有人员到哈军工学习。当时国内只有哈军工有水中兵器专业，但由于性质不同，他们是为部队培养使用方面的人才，而并非为设计制造培养人才，所以，我们根据各自实际教学任务，有选择地学习了"鱼雷结构""设计概论""战斗使用"等通用性课程，而对其他专业理论方面的知识，大家只能根据各自承担的任务想办法查找资料自学了。

在一年的封闭学习过程中，我对专业和环境感到陌生，学习情绪受到影响。但每当看到黄老师，想起那些老教师不计个人得失，不讲条件，服从组织分配，克服重重困难完成国家交给的任务，想到老一辈具有的无私奉献的爱国情怀，我就会打起精神，对新专业渐渐产生兴趣。

其实，黄震中教授对我的深刻影响并非讲了很多"大道理"，而是他用自己的行动感染了我。黄老师和当时回国的其他知识分子一样，在祖国最需要的时候回到了祖国，没有选择条件更好的大城市，而回到了故乡——大西北。他对祖国、对故乡的热爱令人敬佩。在来三系（航海学院前身）前他已经有了稳定而熟悉的工作。对他个人而言，留在原单位何尝不是更好的选择。可是在国家最需要的时候，他服从组织调动，毅然接受组建我国第一个水中兵器专业这一繁重且艰巨的任务，这完全是无私奉献精神的体现。

黄老师不仅担任系主任一职，还承担了"鱼雷总体设计"课程的讲授工作。他和我们一样到哈军工学习,除了要和我们一起听课,学习鱼雷专业知识,还要了解其他专业的内容,以及承担繁重的三系组建工作。然而,我们从没有听到他说过有什么困难,也没有看到他表露出任何抱怨,他总是默默地自己承受各种压力和困难。这种吃苦耐劳和勇挑重担的工作作风深深地影响着我们这批年轻人。

三系成立之初,国内在水中兵器专业培养方面完全是空白的。应设立哪些专业,专业如何发展,都是黄老师等系领导首要考虑的重大问题,也关系到我国水中兵器专业技术的走向。另外,各专业应开设的课程、专业教师的配备等也是决定专业教学质量的关键。就这样,在没有任何参考资料的情况下,制订专业方案等开创性工作的难度可想而知,但这却是我国水中兵器教育事业中具有重要意义的起步工作。后来,国家请苏联专家协助,但学习和规划工作才刚刚开始,苏联方面便紧急撤回了专家,并不允许留下任何带来的资料。我们全体教师只好下班后紧急将存放在学校保密室的苏联专家带来的资料借出来,并连夜组织"阅读"。我们借来多部俄文打字机,所有相关专业教师、翻译齐上阵,经过两个通宵的"战斗",将所有资料内容全部保留了下来,这也成为后续编写专业教材非常宝贵的参考资料。除了编写教材,更为繁杂的实验室建设问题也是迫在眉睫,黄教授等领导从实验室设计、经费筹集以及选址等方方面面通盘规划,工作事无巨细,最终陆续建成多个水中兵器专业实验室,为人才培养奠定了基础性工作。

黄老师不但在大事上勇于担当、讲求原则、处事稳重、有耐心,对待工作中的任何"小事"也是认真负责、一丝不苟。例如,上课的板书总是工工整整,从不潦草。批改教学大纲等文件,无论多忙都是先细致审阅,提出修改意见,然后才签字。对待技术问题总是必须透彻理解,绝不含糊。有一年,我在724厂参加某型号鱼雷的仿制任务。黄教授到厂参观时,问了我一个部件的实验曲线问题,他问得非常仔细深入,有些地方我没能讲透彻,后来我和有关师傅进行了深入探讨,才得以完全理解。虽然这是一件小事,但经黄老师这一问,我感到技术方面的任何小问题都不能放过。只有做到高度严谨,追求极致,才能把工作做得更好。这一作风也使我在日后的工作中受益匪浅。

黄老师不但对学校的工作认真负责,一丝不苟,也时刻关注国家水中兵器事业的发展。他多年参与水中兵器学会的工作,被称为国内鱼雷界的三位元老之一(另外两位分别为哈军工的赵国华教授、705所骆传骊总工程师）。黄老师对水中兵器事业的关心，也是我在亲身经历的诸多点滴中感受到的。

由于工作需要，我以前经常承担校外的科研协作任务。例如在724厂参加我国第一个型号鱼雷仿制任务，这在当时是鱼雷界的一件大事，学校和系里领导高度重视，专门把我从周至农场调回来，说"此任务非常重要，经研究你去最适合，你是最合适的人选"。我在厂里工作了近一年，主要根据苏联的图纸和工艺，并结合厂内设备条件重新编写工艺，同时还给厂里技术人员讲授鱼雷方面的知识。后来因故停止此型仿制，改为仿制苏联已使用多年的老型号，并且转到新建的874厂进行，有关技术人员也大都调到874厂，成为新厂骨干。除此之外，还有诸如长治淮海机械厂空投鱼雷的仿制和图纸国标化工作；我国第一个型号鱼雷定型试验工作，这在当时也是海军专门组织的攻关会战，是海军头等大事；还有924鱼雷总体设计及电动鱼雷的仿制等大型任务。这些任务启动后，由于周期长，很快就不再被大家关注了。可是我后来才发现，只有黄老师还在持续关心着这些校外的工作。每当我完成任务回到学校，黄老师只要遇到我就会详细地询问当时的情况，并提醒可能会遇到的问题。特别是在他退居二线后还是一如既往地关注着各项目的进展。另外，对于水中兵器学会的工作也是如此。在他不再负责学会的工作后，一次我要参加学会组织的一个专业报告会议，当得知这是我第一次参加此类会议时，黄老师特别耐心地给我介绍了学会的组织概况及报告会形式，并专门写了一封信让我带给之前与他共过事的负责同志，除问候外，特别介绍了学校的情况。这为学校后来在学会中开展工作提供了非常大的帮助。

黄震中教授不但对待工作认真负责，对待同志非常亲和、平易近人，没有作为权威人士而高人一等的架子。对于不同地方来的同志他一视同仁，无亲疏远近之分。他始终关心年轻人的成长，虽不善于说教，但始终以身作则，用自己的行动潜移默化地影响人、教育人，我在黄老师的带领下获益良多。

从这些点点滴滴的追忆中，我充分感受到黄老师对水中兵器事业的关心和热爱。他不满足自己的学术成就，始终把祖国的水中兵器事业作为自己的终身事业和奋斗目标。这也是老一代科学家的家国情怀，以及勇于担当、甘于奉献的精神体现。

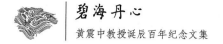

时光在飞逝，我们应当始终铭记这种精神，让这种精神永远传承，永远在这种精神的激励下为我国国防事业，为中华民族伟大复兴贡献自己的力量。

作者简介：李增楠（1931年10月9日—2022年7月23日），1956年毕业于北京工业学院（现北京理工大学）车辆发动机设计与制造专业，同年分配至西北工学院，并长期从事机械制造工艺、鱼雷装配与试验、鱼雷概论和液压与传动等课程的教学工作，同时参与多项鱼雷及航空吊放声呐型号项目的研制任务。

忆良师益友黄震中教授

◎ 乔汝椿

1956年我高中毕业，在报考大学前夕，西北工学院派人到兰州一中动员毕业生报考该学院。当时为适应国防工业大发展需要，西北工学院新组建国防工业新专业。为保证入学学生的政治条件，报考前先进行学生政治审查，兰州一中近20名品学兼优的毕业生政审合格，只要高考成绩达到标准就可录取为国防生。虽然我对国防工业不了解，但还是怀着高昂的激情报考了西北工学院。

高考过后，我最早一批拿到西北工学院入学通知书。我们20多人乘火车离开兰州奔向咸阳，在车上同学们热情洋溢，充满青春活力，一路上又说又笑，一夜没合眼，很快到达咸阳车站。学校就在火车站旁，一下车就看到一片翠绿，到处是草地和树林，学校太美了，太大了。

西北工学院是咸阳市当时最大的单位，它是一所综合性大学，它的前身是抗日战争时期的西北联大。1938年7月西北联大工学院与东北大学工学院和焦作工学院合并为西北工学院，共有九个系：土木系、冶矿系、机械系、电机系、化工系、纺织系、水利系、航空系、工业管理系。1955年新组建国防工业系：枪炮系、坦克系和水中兵器系。

我很幸运，被分配到水中兵器系，而且是鱼雷设计及工艺专业。兰州一中1956届毕业生中只有我和刘训谦考取了该专业。对这个专业我很满意。海军是一个技术性很强的兵种，我从小爱好游泳，热爱海军，梦想当一名海军，终于可以实现理想了。

水中兵器系1955年筹建，1956年开始招收学生。当时专业新建，教材新编，教师新配，经过短短五年时间，教学步入正轨。在此艰难过程中，黄震中教授作为系

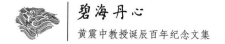

主任做出的贡献最大。

当年,黄震中教授只有40多岁,他年轻有为,朝气蓬勃,他工作踏实,作风朴实,学风严谨,勇于创新,待人诚恳,团结同志。他是我们的好榜样。

黄震中教授解放前留学于美国,曾在兰州工业研究所和兰州大学工作过。很巧这两个单位离我家很近,我比较熟悉。有次偶尔聊起兰州,黄教授很高兴地和我开玩笑说:"我们还是半个老乡呢。"

在水中兵器系组建工作中,黄震中教授责任最大,操心最多,从规划、组织到实施,他都亲力亲为,向苏联老大哥学习,教学与科研相结合是他始终坚持的原则。

1959年9月,受中方邀请的苏联水中兵器专家来西北工业大学三系工作,其中有位流体力学专家,他负责指导中国人设计鱼雷螺旋桨,他带来了螺旋桨设计资料并进行讲课,结合实际讲解39鱼雷螺旋桨设计。鱼雷螺旋桨是鱼雷动力系统的重要组件,鱼雷螺旋桨设计的理论性很强,又需大量的计算和实验工作,所以成立了联合设计和攻关小组,小组成员有海军705研究所李渊明、王树桂、董琳和西北工业大学三系贾继儒、乔汝椿、龙定鼎、周跃东。小组选择李渊明方案和贾继儒方案分别设计。我们三个同学和王树桂的主要任务是进行计算,采用的是手摇式机械计算机,这种计算机运算速度很慢,也很容易出错,整整半年时间才完成设计工作。两个方案完成加工后,分别进行了实验,最终选定李渊明方案。

在整个研制过程中,黄教授负责领导、协调和技术把关。黄教授是位优秀的领导。那段时间的工作,让我懂得了科研工作的艰辛和严谨。在科研中没有平坦大道,需要的是百折不挠、勇往直前的精神和实事求是的工作态度。

鱼雷总体设计是最重要的一门专业课,由黄震中教授主讲,他备课充分,教材丰富,学术性强,对鱼雷总体设计中涉及的战术技术论证、设计程序编制、技术路线制订、关键技术攻克、实验验证鉴定均做了透彻的论述,他的课最受同学们的欢迎和重视,也让我受益终生。

教学和生产实践相结合,教学和科研相结合,这是黄震中教授所倡导的。1960年底,突然接到通知,抽调13名应届毕业生,由李增楠老师和张乃曾老师带队,组成工作队赴东北沈阳机械厂参加"53-56"氧气鱼雷的联合攻关仿制任务。联合攻关组由海军705研究所、西北工业大学三系和沈阳机械厂八区组成。我们出发前夕，黄震中教授给我们做了动员，他鼓励我们好好工作。我和龙定鼎同学参加关键组件鱼雷气舱的工艺编制工作，虽然当时工作比较忙，但大家热情很高，在工厂老技术人员和老工人的帮助下，我们学到了书本上学不到的知识。

1961年7月，我们完成工作任务并在工厂进行了毕业论文答辩，答辩委员会由学校、研究所和工厂三方专家组成，黄震中教授认真组织同学们准备论文答辩，并帮助审查完成的论文。黄震中教授是位称职的好导师。

黄震中教授不仅是我的良师，也是我的益友。他待人诚恳，乐于助人。

记得1959年，有次党员谈心，我向他透露我交了一个女朋友，但是社会关系比较复杂，询问他是否应继续交往。他帮我分析并鼓励我好好与人家相处。大学毕业前夕，我们在西工大校园里举行了婚礼，黄震中教授作为证婚人，见证了我们的幸福时刻。转眼61年过去了，我们仍然幸福地生活着，感谢黄教授的祝福。

作者简介：乔汝椿，705研究所研究员。1956年由兰州一中考入西北工学院水中兵器系鱼雷设计及工艺专业，1961年大学毕业，加入中国人民海军，在海军705研究所工作，担任多个项目总设计师，是我国鱼雷发射装置和石油测井高温（175℃）超高压液压（138MPa）技术专业的学科带头人。1996年退休后返聘，一直工作到2009年。

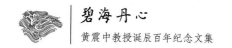

深切的怀念

◎ 王祖荫

一、怀念黄震中教授

光阴荏苒,恩师黄震中教授离开我们已经25年了。怀念起他,不禁令人既伤感又敬仰,伤感的是病魔过早夺去了他的生命;敬仰的是他为我国水中兵器事业做出的巨大贡献。他是在地方高等学府创建水中兵器学科系的第一人。西工大三系成立以来,已为国家培养出大批人才,满足了创建相关研究所、生产工厂、部队专业对相关人才的需求。今天三系已发展成西工大航海学院,培养出大批学士、硕士和博士高端人才,如马远良教授和徐德民教授为国家做出了卓越贡献,先后当选中国工程院院士。他俩确是本系首届毕业生,可谓功伟至罕矣。

黄震中教授,出身书香门第,儒雅大气,平易近人,是西北工学院最年轻的教授之一。早在1953年我就听过他讲授的"机械零件设计"课程,每堂课他都备有一纸讲稿,但很少看,不论冬夏必着一身藏青色、笔挺、整洁的中山装站在讲台上,口齿清晰,一支粉笔在黑板上边讲、边画、边写,板书工整有致,令人赏心悦目,下课时他的衣服却一尘不染。这种形象是他一生的标志,令人难忘。

1955年9月,我从机械系毕业留校。1956年3月奉调随刘钰老师和奚克勤三人前往哈军工海军系进修,由于是进修教师身份,有幸住进红楼。当时分配我学习水(雷)、扫(雷)、防(潜)专业,我正好赶上跟随学员班听课、实验和海上实习全过程,还做了毕业设计。所不同的是,我仅是一便衣学员,可内心却盼着穿上军装。

1956年9月,黄震中教授被任命为三系系主任,带领着从机械系1956届毕业留校教师中选拔的刘锋（后为系副主任）、陈景熙、王大森、夏恒青、刘裕秀和从原京工分配来的毕业生李增楠、杨爱民、曲宝纯、王琦文、陈文晋等，还有从其他科室调来的葛世埛老师、叶祖荫厂长、王荫蔼老师、李宝善老师、实验员吴学义和强孝才，加上从1957届机电系选派的石樵华、王树声、时向坤、张允孟已先期来哈军工参加学员班，着军装学习水声工程专业者，队伍不小，担子很重。黄震中不但自己要进修鱼雷设计及工艺专业，还要抓管理，因此，他紧紧依靠党、团组织，由刘锋同志协助管理。他将主要精力放在教学计划、专业设置和课程大纲的制订上，好在有苏联援建哈军工的原文件可供借鉴。遵守严格的保密制度也是我们进修者的一大收获，纸片都不能带回宿舍。星期天我和奚克勤自费找白俄人家补习俄语，而黄主任也曾和我们一道去补习。他是赴美硕士，为了工作而忘我的精神可见一斑。

实验室建设也是他要抓的大事，为此他提出让从现役驱逐舰上调来鱼雷部门长邢宗奕、水雷部门长蔡芳翔、扫雷部门长罗于寿等4人去哈尔滨学习。大家上下齐心、不懈努力，直至1958年圆满完成进修任务，进入创建西工大三系新阶段。

一晃半个多世纪过去了，1957届及以前的创建者大多已逝，尚在者仅剩李增楠、刘锋、陈景熙、董大群、张光孟和我等几个耄耋老友了，不禁感慨万千！

二、难忘的师生情谊

我们这一代人，大都生长在抗日战争年代，又经历了抗美援朝战争，人人怀有强烈的国仇家恨。在选择从事水中兵器事业后，我就决心在本职岗位上，为我国建设一支强大的海军而努力奋斗，同样这也是我自己培养学生的目标。

西工大三系成立后，黄主任分配我到301教研室扫雷组，并承担电磁扫雷具设计课程。当时我国仿苏开口电极式电磁扫雷具已装备服役。不论是使用者还是设计者都对其扫雷磁场分布十分关注。但是，开口线电极在海水中的分布电流磁场如何计算是个未解难题。因此，我们设想用实验法来推动理论研究的发展。

为此，在1965届毕业设计中，年轻师生敢想敢干，在无资金支持的情况下，自己动手，因陋就简，实干苦干，用砖砌成了一个3米×2米×0.5米池内绝缘套的海水实验池。绝缘套是人手一把电烙铁，用便宜的厚塑料布一点一点烫热粘合成的，海水是用自来水和海盐溶解成含盐度为3%的盐水替代。

测量系统采用铝框架式珩车架在水池两边的轨道上可来回移动，测量仍用原有感应式探头，只要求在珩车上左右移动，形成测量坐标，凡此皆由学生在系加工车间自己动手加工装配而成。印象最深的是黄慧珠（女）和王鹏程同学，他们夜以继日忘我工作，调试、测量和记录，得到了大量数据，绘出了三维分布实验曲线图，既完成了毕业设计，也充分发扬了敢想敢干、实干苦干的奋斗精神。

这次实验，我们选用的是长短电缆点电极式模型，目的是与1963届华瑞润同学毕业设计论文用点电极理论计算的扫雷磁场分布作比对，结果基本一致，只是前后有所位移而已。这就为我们进一步建设一个永久性绝缘海水实验室增添了信心。

后来，扫雷专业被取消，我又改教弱磁信号检测技术，而黄慧珠和王鹏程同学毕业后被分配到了710研究所103室工作。王鹏程任高级工程师，专门从事新型截割扫雷具研制，他发明了放过器，使扫雷具有识别性能，却英年早逝，思之落泪。黄慧珠任室主任，仍敢想敢干，带领团队在20世纪80年代为我国研制出首台超导电磁扫雷具样机，并荣获国家科技进步二等奖。20世纪90年代随着海军新型扫雷舰设计建造，要求装备新型扫雷具，研制电磁——×型号。这次研制任务又落在她的团队身上。为适应新形势，她要求三系从本届毕业生中定向代培一名电磁扫雷计算机总体设计硕士。这位硕士是由志愿选拔的芦水兵。经过到所里实际锻炼，他真的担负起电磁——×型号总设计师的职责。由于全国从事扫雷的人员有限，几乎有关活动，我都参加。1994年退休后，我仍受邀到710所去听俄罗斯专家的讲座，帮助制订电磁——×方案，并从中学习了许多新知识，直到1996年，闻母逝匆离归，再未去过。和黄慧珠同志30年的情谊缘起于扫雷事业，而今她已年近八旬，早已退休，回忆起来令人难忘。

作者简介：王祖荫（1933年6月13日—2020年8月12日），1955年9月本科毕业于西北工学院机械系，留校任教。1956年3月被派往哈尔滨军事工程学院海军系进修水中兵器，1956年5月在合并后的西北工业大学301教研室任教，主讲电磁扫雷具设计。扫雷专业撤销后，又改教弱磁信号检测技术，并建成舰船磁场仿真实验室。1992年晋升为教授，硕士生导师，1994年退休。

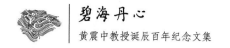

感念黄震中先生

◎ 张光慎

黄震中先生，早年留学美国，新中国成立后供职于西北工学院（现西北工业大学），是国内知名的机械工程专家，我国水中兵器专业的创始人，西北工业大学资深教授，为我国高等教育事业和国防科技事业做出了重大贡献。

我于1950年7月参加陕西省统一高考，被录入西北工学院化学工程系，8月入学注册。当时的西北工学院是西北地区唯一一所工科大学，汇集了60多名教授，8个学系，约900名学子。由高中进入大学，环境大变，在校园里看到教师们衣冠楚楚，风度翩翩，我打心眼里高兴，这也为我进入大学学习增强了信心和动力。我大学毕业留校后，才知道要求教师衣冠整洁、举止文雅是校方的制度规定。

当年西工有九三学社（简称"九三"）和民主同盟（简称"民盟"）两个民主党派组织，黄先生是九三社员，曾任九三学社西北工学院直属小组（1952年10月成立）副组长、组长，九三学社陕西省委员会委员，教育文化工作委员会委员。九三学社被群众称为专家学者、大知识分子的政团组织。西工的水利工程专家田鸿宾教授（时任西北工学院院长），土木工程专家赵文钦教授（时任西北工学院副院长），化学工程专家李仙舟教授（时任西北工学院化学工程系主任），化学工程专家马桂馥教授（时为全国人大代表）等都是九三社员，九三学社在西工的影响可见一斑。

西工、西航于1957年10月合并成为西北工业大学之后，九三学社组织仍然保留，成员有所扩大，西航王培生教授、谢安祐教授、唐致中教授等都是九三社员。

因学校属国防性质，民主党派组织不再发展。"文革"中高校内的民主党派暂停组织活动和发展成员，"文革"后西工大于1979年恢复校内民主党派组织活动，1986年恢复民主党派发展成员。1988年九三学社西北工业大学直属小组经由九三学社陕西省委员会批准，升格为九三学社西北工业大学支社，黄先生被任命为支社主任委员。

我于1987年6月，经西工大党委统战部推荐申请加入九三学社，经九三陕西省委批准后，向黄先生报到成为一名正式九三社员。1988年成立九三西工大支社时，我被任命为副主任委员，做黄先生的助手，主持日常事务工作。在西工，黄先生与我同在机械工程系工作，在西工大又是同校工作，虽然在工作中甚少交流，见面的机会也很少，但黄先生是知名教授，教职工中多有传颂，我对黄先生的情况是有所了解的。论资历黄先生应该是我的老师，加入九三学社后又成为我的直接领导，此后我们就有更多的交流机会，依照规定每月一次，我要向黄先生汇报并请示社里工作。

黄先生是一位优雅斯文的学者型教授，待人随和，话语简练，给人以亲切感，论事说理思维完整、系统，使人悦服；没有长者、领导的架子，静心听取他人意见，耐心阐述自己的看法，直到问题达成共识并解决。每次我去黄先生家，一直受到的是亲切的迎接，事后微笑着送出家门。每次汇报、请示工作都使我受到教育并获得知识。黄先生担任九三支社主任委员一职至离世，我以敬仰的态度在社务工作中和黄先生合作了10年。黄先生离世后，九三支社主任委员空缺，保持黄先生生前职务延续，两年后九三西工大支社实施换届，我离开了支社副主任委员岗位。

九三西工大支社第一届委员会任期12年，期间每月举行一次组织活动，传达西工大党政和九三陕西省委的重要部署及决定，学习文件，交流情况，加强自身的思想和组织建设，为西工大的建设和发展贡献力量。关心国家和西工大的建设和发展，通过社委会成员、社员中的陕西省政协委员和西安市碑林区人大代表依法、依规反映情况，向西工大党政做出书面报告，向陕西省政协提出书面提案，向碑林区人大提出书面建议等，总计100余件。内容包括地方建设、西工大建设以及教职工和学生关切的问题，宣传西工大的成就，扩散西工大的科研成果等。九三西工大支社成立前有社员8人，至1999年换届时有社员33人，全具有中级以上职称，其中16

人具有正高级职称，5人为博导，1人任西工大副校长，1人外调任西安市政协副主席，7人获政府特殊津贴。

　　这里我还想说说黄先生的家庭。据我长期观察，黄先生有个温馨的家庭。每次去黄先生家，见到的都是安静、有序、整洁的家。每次我到门庭通报，黄先生及其夫人范老师都会放下手头事务急步走出内室来门庭迎接。黄先生及其夫人每次都衣着平整、清洁、合体，面带微笑问长问短。范老师是治家能手，黄先生的贤内助，但从不参与黄先生和我对工作问题的讨论。范老师原在西工图书馆借书平台工作，工作认真负责，态度育人，得到了学生及教职工的称赞。范老师对学生及青年教师特别呵护，工作中只要有空闲，总要说几句关乎学习、生活，鼓励青年人成长、进步的话，句句沁人心肺。

　　愿黄、范二老灵气长存！

作者简介：张光慎，男，1930年7月出生，中共党员，九三社员，专业技术职务编审。1953年从西工化学工程系毕业留校任教，1993年从西工大出版社退休。从事高校技术基础课教学，人造石油厂、煤矿建设与生产，图书编辑与出版，教材规划与管理等。曾任西工大出版社总编、社长，西工大教材建设委员会副主任委员，航空部航空院校教材编审委员会委员，国家教委全国高校教材建设研讨会理事，陕西省政协委员，九三陕西省委委员，西安市碑林区人大代表等。获国务院颁发的政府特殊津贴，部级科技进步二等奖，九三学社全国优秀社员，全国高校出版人荣誉奖等。

念老主任重视学风建设的一件事

◎ 李润清

1956年国家在西北工学院设立了我国唯一的水中兵器系，也称为三系，黄震中老师是三系（现航海学院）的首任系主任。就在这一年，我被录取为设在咸阳的西北工学院三系的学生。在黄主任与三系老师们的培养下，我完成了紧张的五年学习，1961年成为三系的首届毕业生。毕业后我留校在三系工作至退休。自1961年留校后的很长一段时间，在黄主任的领导下，我承担着教学、学生培养、科研及行政管理等多种工作，工作中我对老主任的思想作风和工作作风深有体会。

自三系建系起，黄主任就十分重视学风建设。他认真负责、严谨求实、团结协作、无私奉献的作风深刻地影响着他身边的教师和学生。他要求教师以身作则，严谨治学，树立优良学风。这样才能培养出具有良好学风的学生。

大约在20世纪80年代的某一天，我去黄老师家看望老主任，当时他身体还好。交谈中，黄老师提到，"听说有个别青年教师发表论文有抄袭别人论文的行为。"他说这是学风不正的行为，学风是学术界永恒的问题，养成优良的学术风气是学术发展的根基，学风不好就培养不出好学生，学校的发展就无从谈起，形成良好的学风是学校发展的主题之一，必须常抓不懈。

形成优良学风是学校建设发展的永恒主题，优良学风建设永远在路上。今天怀念黄主任对航海学院发展的贡献，就是要继承和发展他的优良学风，把我们航海学

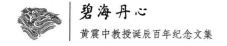

院建设成为在国内外具有更大影响力的学院。

作者简介：李润清，1961年毕业于西北工学院三系，毕业后留校任教直到退休。曾担任三系教研室党支部书记、航海学院党总支书记。

甘为人梯,无私奉献

◎ 谢一清

我们怀着十分崇敬的心情,纪念黄震中教授诞辰百年。深切缅怀他为我国教育事业发展做出的重要贡献,追忆他的崇高风范。

黄震中教授是我们的老领导、好领导、好老师。他为教育事业呕心沥血,为我国国防现代化建设培养了一批优秀人才,为水中兵器和海军装备的快速发展贡献了重要力量。

黄震中教授是西北工学院1956年建立水中兵器系(三系,现西北工业大学航海学院)时的首任系主任,鱼雷设计专业的领头人。他不辞辛劳,艰苦创业。在工作中,他一贯行事低调,不露声色,态度严肃而又和蔼可亲。他德高望重,学识渊博,作风民主,深受学生喜爱与敬佩。

我是水中兵器系鱼雷自导与非触发引信专业的首批毕业生,1961年毕业,但1960年提前留校工作。1961年303教研室安排我做自选课题——鱼雷尾流自导技术的研究。在装调发射机的试验过程中,我损坏了一个苏制大功率电子管,按规定需要系主任签字批准才能领新管。我怀着忐忑不安的心情去找黄教授。黄教授语气平缓但很严肃地说:"你要写一份检讨,分析是什么原因导致电子管损坏的,是设计问题、安装工艺问题,还是操作问题?"第二天我交检讨书时,他又关切地问了一些有关鱼雷尾流自导的技术问题,并说这是一个很好的研究方向,希望我们在研究工作中注意提高自学能力和思维能力。临走时还特意叮嘱要注意人和物的安全。这样的严格要求和鼓励使我深受教育,并如释重负。

在校期间,我经常去学校图书馆看书,有幸多次见到黄教授,并得到他的帮助和指导。有一次黄教授问我在看什么资料，我说想收集一些为科研课题服务的专业资料，但很难找到。他笑了笑说，我给你介绍一些文献检索方法。后来，他把美国政府的AD和PB报告、美国科学研究与发展局的OSRD技术报告、美英专利文献等查找方法逐一给我讲述了一遍，并亲自示范相关检索工具书的使用方法。记得在一次相遇中，他从笔记本里取出了两页纸递给我，上面简要写了几种文献资料的查找说明，以及这些文献的归口单位。这使我真是有点受宠若惊，心里非常感激，连声说谢谢！经过黄教授的指点，我能够在浩如烟海的文献中较快找到一些需要的资料。通过对资料的收集和整合，我了解了专业技术的现状与发展。

1976年1月，我爱人在无锡出差时，不幸遇到车祸，被诊断为颅底骨折、脑挫裂伤，这是一种严重的脑外伤。她经过一个多月的保守治疗返回西安，黄教授知道后随即到家中探望和慰问。之后相见，黄教授总是十分关切地询问我爱人的康复情况，说外伤恢复要经受时间考验，应注意长期休息，建议我去西安几家医院多找几位脑外科主任咨询有利于康复的治疗方法。

20世纪60年代中期，303教研室主任肖金硕带领全室人员，满怀建设强大海军的豪情壮志，积极承担了潜用反潜鱼雷主动自导系统的研究任务。系领导黄震中主任、奥季陆书记和刘锋副主任都很重视和支持这项重大的研究项目。但是，主动自导技术在大家头脑中却是一片空白，难度很大，研究基础很薄弱，条件也很差，黄主任建议我们去学校图书馆的缩微胶卷阅读室，查阅美国战争年代的OSRD技术报告，同时注意查看20世纪60年代最新的美英专利说明书。我们从中了解到一些国外鱼雷的简略说明，以及美国哈佛大学和通用电气公司有关鱼雷的研究状况，这对于我们进行系统初步设计很有帮助。在研究工作中，课题组全体人员团结一心，锐意进取，自学新的知识和技术，积极努力地装调试验样机，对初步设计的自导装置三波束转换发射方案和人工目标角形发射器进行了两次静态海试和两条次装雷直航湖试，取得了一些研究成绩。

20世纪70年代至80年代，303教研室、305教研室和306教研室与874厂和872厂合作，先后承担了潜用被动声导反舰鱼雷和潜用主被动联合声导反舰鱼雷两个型号的研制任务。由于设计、试制产品缺乏相关的资料和经验，课题组对许多重大技术难点的处理经历了长期的反复摸索。通过设计、实践，改进设计和再实践的多次反复，课题组经受了失败和成功的种种考验，终于取得比较满意的结果。主被动联合声导反舰鱼雷在研制期间进行了七次静态海试，一次水库试验和五次动态湖海试验，总计发射鱼雷二百多条次。每次试验时间，短则二个月，长则八个月。本系在人力和物力上都给予了宝贵的支持。学校基础课部、四系和六系等单位曾派出十余人参加工作。七院705所和中科院声学所也曾派人参加和商讨主被动联合声自导装置的预研方案，并提出了宝贵意见。两厂一校参与研制两个型号鱼雷的主力科研人员大都是水中兵器系前几届的毕业生，黄震中教授曾为其中的许多人亲自讲课和指导。研究团队中的几十位科技人员，十几年全身心地投入了鱼雷型号的研制工作中，在节假日坚持不懈地日夜工作，特别是在极为频繁的实验室、水池、水库、海上和湖上等试验研究中付出了大量艰苦的创造性劳动。产品在研制的过程中，每前进一步都要耗费大量心血。它凝聚着大家的智慧，体现出同心合力的大协作精神，锲而不舍、锐意求新的创新精神和不计名利、奋勇拼搏的献身精神。

  1982年3月至5月及9月至12月，我们在海上试验场进行了主被动联合声导反舰电动鱼雷的定型考核试验，全面考核各主要战术技术指标及各部分配合工作是否稳定、可靠。雷上装有我们自行设计的主被动联合声自导装置、主动电磁非触发引信和小型电深控装置，采用了新型操雷头及排水装置、带副鳍的雷尾、操雷用电子雷位指示器等新技术。定型海试期间，校科研处两位老师陪同王培生副校长前来看望参试人员，观看了发射试验鱼雷的潜艇，并在试验靶船上参加了试验。试验当天，水文气象条件较好，风浪不大，但试验船吨位太小，在大海中不停地剧烈摇摆和颠簸。试验时间很长，许多人出现了晕船、呕吐等症状，王副校长尚好，还兴致勃勃地与几位水兵亲切交谈。这一天的试验发射了三条鱼雷，分别设定为纯主动自导跟踪、纯被动自导跟踪和主被动联合自导跟踪三种工作方式，并偏离目标射击。三条试验操雷均逐条多次准确地从靶船下方通过，并在其附近上浮。王副校长看了后很高兴，虽然尚未判读雷上内测装置的各种记录，但直观上已经感觉到了试验效果很好，各条次鱼雷都具有满意的跟踪性能和导引精度。后来听黄主任说，王副校长回校后，还专门与他谈及试验中的感受并赞扬参试人员不辞辛苦、艰苦奋斗的敬业精神。该型鱼雷于1983年8月通过船总军工部和海装兵器部联合主持召开的设计定型审查会和各分系统技术鉴定会，这是我国自行研制成功的第一代主被动联合声导反舰电动鱼雷，填补了国内空白，缩短了与世界先进水平的差距。1984年，国务院、中央军委批准其设计定型。1985年，该项研究获得首届国家科技进步一等奖。其后，该项研究结果还曾在高速热动力鱼雷的改装试验中获得推广应用，改装后的产品取得了满意的试验效果。

  对于我本人的成长和工作上取得的一点成绩，非常感谢黄震中教授的培养和指导，非常感谢303教研室全体同事的关心、爱护、帮助和支持。黄震中教授为我国水中兵器事业的发展艰苦奋斗了一生。他胸怀坦荡、勇于开拓、甘为人梯、无私奉献，为我们留下了宝贵的精神财富，永远值得我们学习。

  作者简介：谢一清，1937年5月生，四川富顺人，教授。曾任303教研室副主任。1978年获全国科学大会奖，1985年获首届国家科技进步一等奖。1984年被评为陕西省先进科技工作者，1989年被国家人事部评为国家级有突出贡献专家。1991年获国务院政府特殊津贴。

黄震中——我国鱼雷设计及工艺学科教育的奠基人

◎ 童子华

1956年9月，我们十八九岁，血气方刚，怀着一颗报效祖国的赤诚之心，迈进了咸阳西北工学院的校门，被第三机械系鱼雷设计及工艺专业录取，编入7104班，全班共29人，女同学4人，男同学25人。高考时，我们是政治保送，因此非党团员的同学很少。绝大多数同学是工农兵子弟，来自农村的占多数。系里根据每个同学的家庭经济状况，给予不同等级的国家助学金补助，最高等级除了伙食费等项，还有零花钱。总之，只要努力学习，国家资助每位家庭经济困难的同学完成5年学业。

美丽的宿舍楼让我惊喜：每间宿舍可住6~8人，上、下铺，不再是中学时代的大通铺了；厕所内有室内抽水蹲便器，告别了中学时代的旱厕所；还有洗脸间，可洗漱和洗衣服。我最喜爱宿舍楼内每层的阅览室，它宽敞明亮，摆放着各种杂志和报纸，是我们知晓天下事的精神食粮，又是放飞个人理想的好地方。

黄震中教授任三系系主任。他出生于1920年12月1日，做教师的父亲要求其刻苦学习，长大后利用所学知识改变贫穷、落后的中国。1942年，他毕业于重庆中央大学机械工程系，并积极投入了为抗日战争服务的工作中。1947年，他经过考试选拔，以优异成绩获得了公派留学的机会，赴美国衣阿华州立大学攻读机械工程系硕士学位。1948年12月，他提前获得硕士学位。1949年春，他不顾留美同学的劝阻于4月毅然回到祖国，开始在兰州工业研究所工作，同时受聘于兰州大学。1949年8月26日兰州解放，29岁的黄震中将研究所完好无损地交给了中国人民解放军军代表，受到了军代表的感谢、信任和赞扬。之后，他辞去研究所的工作，全身心地投入到兰州大学的教书育人工作中，并受聘于西北农学院和西北工学院。1956年春，根据我国海防建设的急需，国务院决定在西北工学院设立水中兵器系（即第三机械系），36岁的黄震中教授被委以重任，于当年组织招生，我有幸成为三系首届鱼雷设计及工艺专业的学生。

虽说鱼雷属于常规武器，但我们入学前未曾见过。20世纪50年代中期，我国一穷二白，要在普通高校设立这门学科，培养高等技术人才谈何容易：一无教材、二无师资、三无教学设备。黄教授带领系里的教职工开始了艰苦创业的历程。他与筹备组成员前往国内设有相近专业的院校进行调研，着手

7104班集体照

从左至右，从前到后：

第一排：谢朝矩、勾福山、龚君兰、童子华、杜冬英、赵瑞芬、张宏智、贾春林

第二排：袁公廉、孙仲卿、屈志辉、张中文、孙培刚、李炬、刘辰楼、杨殿富

第三排：李季儒、王绍卿、李伯宗、黄享文、陈瑞瑜、宁显宗、李建勋、彭述林、孙世杰、崔攀峡、解谦孚、田树棠、赵元斌

制订专业教学计划及建系规划。他在西北工学院其他系大三的学生中选拔优秀者作为预备教师，送他们到国内高校进修。1956年8月，他亲自率领中青年骨干教师20余人，前往哈尔滨军事工程学院相近的专业进行考察和研修学习，并多次深入舰队和基地调查海军装备现状，听取海军对人才、装备的需求及发展的意见。

为了学习和吸取国际先进技术和经验，1957年，国家聘请了苏联专家到系里工作，给青年教师全面讲授鱼雷、水雷的专业知识，并指导系里设置鱼水雷专业教研室和实验室。黄震中教授带领青年教师在消化和吸收苏联教学计划的基础上，制订了适合我国国情的水中兵器教学计划。当我们升入大三学习专业基础课和专业

课时，老师们都很年轻，比我们大不了几岁，有的甚至与我们同龄。我们有幸聆听了苏联专家讲授的"鱼雷总论"课程和黄震中教授讲授的"鱼雷总体设计"课程。

1957年苏联十月革命胜利40周年时，西北工学院举行了隆重的庆祝大会，苏联专家与学院领导在主席台就座，共同赞颂了十月革命的伟大历史意义和中苏友谊。会前，献花的女干部和女同学与苏联专家合影留念。

献花女干部、女学生与苏联专家合影

从左至右：

左1穿白色衣服的是童子华同学，左2是其他系献花的女同学，左3是苏联专家索洛维耶夫教授，左4是其他系献花的女同学，左5是苏联专家组长札阿洛夫教授的夫人。（因为札阿洛夫教授在苏联卫国战争中腿部负伤，所以他的夫人陪他来中国。夫人搂着的小男孩是黄震中教授的儿子黄建森。）左6、左7是其他系献花的女同学，左8是学院女干部，左9是苏联专家组长札阿洛夫教授，左10是杜冬英同学

1958年，黄震中教授光荣加入了中国共产党，同年赴苏联列宁格勒造船学院考察，洽谈续聘专家事宜，以不断提高三系教师的学术水平。同时根据专业建设的配套需要，经他提议并由上级批准，三系增设了水声工程和鱼雷自导与非触发引信两个专业。

黄教授和奥季陆书记是三系的领导核心，他俩分工明确地培养我们这些年轻学生。黄教授看起来不苟言笑，实则平易近人。他给我们安排的基础课老师都是西北工学院资深的老教授：高等数学是王焕初、化学是李仙舟、物理是丁思纯……通过一年级下学期的机工厂实践课，我们学习了各工种的操作方法。这些为后来学习专业课奠定了扎实的理论基础和实践知识。奥书记经常作国内外形势报告，让我们牢记党和人民赋予的历史使命。

西北工学院涉及国防专业的有一、二、三系。1957年春，全国各高校进行专业调整时，一、二系被并入了北京工业学院。当时一、二系有的同学不理解，说三系是西北工学院的宠儿，我们心里很庆幸。但当系里有同学重新选择专业和离开学校时，我不免有所动摇。我班数学天才刘辰楼，转到上海复旦大学数学系就读；贾春林去了天津大学；女同学赵瑞芬赴山西太原医学院，她的离去勾起了我高考时想当医生的梦想。叶祖荫老师语重心长地劝我留下，继续学习。当时系里思想动摇的不止我一个，为了稳住同学们的思想情绪，系里做了许多耐心、细致的思想工作。

1957年10月5日，西北工学院与西安航空学院合并为西北工业大学。1958年初，西北工学院全部迁入位于西安的西北工业大学校本部，黄教授作为三系的主要领导，搬迁担子并不轻松。1958年初，西北工学院全体学生在校团委和学生会的带领下，背着简单的行李，冒着严寒，告别了咸阳，步行向西安进发，中午到达校本部，实现了两校真正的合并。

1958年下半年，为了迎接第一届全运会，我和其他系的三位女同学被选拔为陕西省女子垒球队队员，离开了西工大校园，在西安体育学院的陕西体工队进行集训。大运动量的训练很苦、很累，早晨的体能训练需要从位于黄雁村的西安体院跑到钟楼，然后原路跑步返回。我们还要到外地与各省队进行比赛，熟悉各队的战略和战术。1959年9月13日至10月3日，第一届全运会在北京举行，陕西省女子垒球队获得银牌，出席了周恩来总理和北京市市长彭真在人民大会堂宴会厅举行的盛大宴会。10月下旬，寿松涛校长接见了参加第一届全运会的同学们，并在图书馆楼前合影留念。

因参加第一届全运会，我们耽误了一年学业，女垒的其他三位同学和我一样，1956年入学，本应1961年毕业。她们系都决定让她们推迟一年毕业，跟着1957年入学的班级学习。因三系鱼雷专业1957年未招生，黄震中系主任让我跟着原班学习，并安排专业课老师为我补课。我努力学习，参加了毕业设计和消声水池初建时的劳动，直到1961年2月在工厂实习时，还有5门功课未补。6月我结束工厂实习，返校后接着补课，直到8月放假，总算拿到了毕业证书。由于耽误的功课较多，匆忙补习，1963年在研究所转正授军衔时，我被授予少尉，心里多少有点委屈。

毕业分配时，系里也体现了人性化。我和张中文一直同班学习，对文体的共同爱好（他是校排球队队员和校话剧团成员）使我们走到了一起。分配时，我分到了研究所，他分到了工厂做军代表。为了照顾我俩，系里将张中文与另一位同学对调，使我俩同在研究所工作，成全了我们幸福美满的婚姻。

1964年童子华、张中文合影

1961年7月27日，西工大三系鱼雷设计及工艺专业首届毕业生与系领导和老师们在西工大校门口合影，告别五年的大学生活，即将奔向工作岗位。

西工大35专业首届毕业班全体师生合影（1961年7月27日）

从左至右，从前到后：

第一排坐着的是老师：王化民、陈景熙、奥季陆、黄震中、叶祖荫、刘钰、黄陆、李培清、赵连锋、李云魁、黄景泉

第二排：周耀东、徐德民、龚君兰、刘江芹、杜冬英、杨柳英、童子华、谢扬芳、胡梦仙、刘太秀、白清玉、张屯正、乔汝椿、李蔚

第三排：张宏智、王槐、宣忠仁、赵元斌、陈瑞瑜、冯守安、黄享文、孙斌、李秉秀、刘永哲、龙定鼎、高根生、张振卿、刘训谦、吴秉森

第四排：邰振、勾福山、杨士团、彭述林、王明财、李克孚、李季儒、李树唐、王炳勤、唐禄位、杨殿富、王三刚、张希超、王之俊、郭凤华、贠焕章

第五排：李国藩、冯三友、查志武、郭清廉、马振国、李烜、杨飞生、孙柱国、张中文、孙培刚、刘连成、解谦孚、王守忠、何庆福、崔攀峡、屈志辉、张炳炎

1961届鱼水雷专业的毕业生分到研究所的有20余人。20世纪60年代初，黄震中教授亲自到位于上海的研究所看望我们这批毕业生，向杨汉所长了解、考查我们学以致用的工作能力。他还与我们座谈，请我们根据工作实践，对学校的教学提出改进意见。同学们纷纷发言谈体会，我也说出了自己的感受："在校时不重视工艺课，觉得这门课很枯燥，上课有时还打瞌睡。但到工厂后才明白，要将设计图纸变

成产品，工艺非常重要，好的工艺保证了产品的质量。"

刚毕业下部队时，我亲眼目睹了海军武器装备的落后。仅有的武器装备都是苏联第二次世界大战淘汰下来的20世纪三四十年代的产品，而且量少，难以保证部队的训练需求。海军官兵期待的眼神，让我难忘。当时，苏联政府单方面撕毁援助协议，撤走专家，带走资料。我们在总体室主任的带领下，赴山西仿制苏联直航瓦斯鱼雷时，工厂已停建。高大的厂房只是钢筋混凝土的框架，厂区蒿草齐腰高。每当夕阳西下，血红的落日余晖染红天边时，成群结队的乌鸦铺天盖地地飞来，聒噪着落在厂房的框架上。一位青年工人写了一首打油诗："平阳伟大，建在侯马。几座厂房，落满乌鸦。"无奈，我们移师上海江南造船厂仿制苏联20世纪50年代初的产品，江南厂的同志对我们说："万吨轮我们都能造出来，小小鱼雷不在话下。"但最后，我们仍以撤出江南厂告终。鱼雷虽然是常规武器，但是科技含量很高，它的设计与制造，代表了一个国家的科技和经济实力。我们在研究所老同志的带领下，加入了创业的队伍。从仿制到国产化、从仿研到自行研究设计，每位同学都不忘初心，牢记使命。

1998年4月30日，张中文在俄罗斯圣彼得堡与俄罗斯专家合影

我和张中文共同参加了研究所20世纪所有产品型号的仿制、改装和研制。他主要从事鱼雷总体设计工作,担任过数个产品型号的副总设计师兼某型号的总质量师;他多次出国考察、交流,谈判协作项目。在产品研制的过程中,他曾于1993年获得中国船舶工业总公司科技进步二等奖,1999年获得中国船舶工业总公司科技进步二等奖,2005年获得中国船舶重工集团公司和国防科学技术工业委员会特等奖。

张中文于2019年10月22日不幸病逝,享年81岁。

我参加工作后,主要从事操雷回收与战雷战斗部的仿制、研制工作。这两项工作所需的知识,在校学习的课时很少。对我来说,尤其欠缺关于引信和电路的相关知识。为了胜任工作和完成任务,我边学习、边工作,向从事这方面研究的同志请教,不懂就问,查阅专业书籍自学。

20世纪70年代,研究所在云南山沟时,舰队的一位年轻军官来所,急切地请求我们解决操雷训练中丢雷的问题(即当操雷航行完浮出水面时,因雷位显示信号不明显,鱼雷在海流和海浪的作用下,漂移丢失,造成重大经济损失和失密)。在新型号产品研制时,我与齐齐哈尔一个军工厂协作,研发了有色信号弹和有色烟雾的雷位显示,效果很好。有色信号弹雷位显示可应用于多个型号产品。

世界科技日新月异,作为一名科研工作者要不断学习新知识,与时俱进。在仿制某型国外爆发器时,内部结构和线路被固封成一体,从外部一点也看不到内部结构。如何不破坏样机,又弄清内部结构成了难题。我在大量查阅资料的基础上,采用不同射线对不同物质的成像清晰度来分辨内部结构,使样机解剖、测绘、分析、仿制得以顺利进行,并获得了成功。

一个产品型号,从仿制或研制、生产到装备部队,周期长达10年左右。攻克技术难关和湖海试中排除故障的日日夜夜,失败的痛苦和成功的喜悦与泪水,伴随着我们奋斗的一生。我们20世纪60年代初的毕业生,完成了历史使命——解决了海军国产鱼雷装备从无到有,又马不停蹄地追赶世界先进水平。

从20世纪70年代起,鱼雷设计专业的首届毕业生,无论工作在研究所、生产厂还是试验场,经过实践磨炼,都成了各单位的技术骨干。有些同学走上了技术领导岗位,如孙柱国曾任研究所所长,李烜和黄享文曾任生产厂的总工程师,苗在田曾任试验场的总工程师……是黄震中教授引领我们走上了"为了反对帝国主义的侵略,我们一定要建立一支强大的海军"的奋斗之路,为此,我们无怨无悔。

黄震中教授任水中兵器系系主任的28年间(1956—1983年),建立了鱼雷总体设计体系,是我国鱼雷设计学科教育的奠基人。他培养出了一支高质量的教师队伍,建立了国家重点实验室,在我们首届毕业生中培养出了两名中国工程院院士——水声专家马远良教授和鱼雷专业的徐德民教授。更让我难忘的是,1986年三系成立30周年的庆典上,他和奥季陆书记竟然还能叫出我们的名字。

黄震中教授于1997年7月26日,闭上了他辛劳的双眼,他为我国水中兵器教育事业鞠躬尽瘁,享年77岁。

今年是黄震中教授诞辰百年,我们感恩这位鱼雷学科教育的奠基人,也感恩航海学院培养我们的老师们。祝愿航海学院与时俱进,继承并发扬黄震中教授的教学精神,为祖国培养出更多从事鱼雷设计与生产工作的高级技术人才。

作者简介: 童子华,女,1937年10月出生,陕西省绥德县人,中共党员,高级工程师。在产品研制中,曾于1993年获得船舶总公司第七研究院科技进步三等奖,1994年获得中国船舶工业总公司科技进步二等奖。曾被研究所评为先进工作者和优秀共产党员。

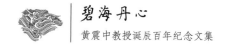

黄震中主任领导创建水声工程专业的轶事

◎ 张永祥

一、运筹帷幄：多措并举创建专业师资队伍，亲力亲为筹划专业实验设备，不失时机同步招收学生

我第一次近距离接触黄主任是在1958年7月下旬的某天（大约是7月28日）上午。那时我是三系水雷专业（3602班）二年级的学生，正在校实验工厂金工车间实习。上午上班不久，三系办公室一干部通知我到系办公室开会，我迅速赶到系办公室，陆续到达的还有马远良、赵俊渭、陈福楷、宁显宗、商高成、周彬泰和陆成科7人，9点钟左右系主任黄震中教授、总支书记奥季陆同志和物理教研室原主任陈次功教授来到会议室。黄主任微笑着招呼大家坐下后开始讲话，大意是说，为了更好地服务国防建设，为海军事业培养更多的专业建设人才，经多方调研论证，已批准在我系增设鱼雷自导与非触发引信和声呐（即水声工程）两个专业，声呐就是水下雷达，目前国内只有哈尔滨军事工程学院开设了这个专业，为了尽快上马，学校决定请陈次功教授任专业教研室主任，并从水雷、鱼雷专业二年级中抽调我们8人去哈军工进修，学成后回校在专业教研室当教师。哈军工来函，同意接受我们几个去进修，并让尽快报到，以便利用暑假补修所缺课程，保证下学期随该校三年级学生一起上课。时间紧迫，我们要尽快收拾好行装，向家里交代一下，坐明晚12点的火车去哈尔滨，系里已订好了火车票，陈老师带队前往。接着奥书记宣布："你们8人中有7人是党员，一人是入党积极分子，决定成立临时党支部，陆成科任书记，负责政治思想工作；成立进修学习队，张永祥任

队长,负责学习、生活和各项行政事务,你们的生活、学习费用由学校负责。"

7月29日晚,我们一行9人乘火车经北京于8月1日到达哈军工。8月2日开始,军工声呐专业派了4个班上的学习尖子为我们8人补习电工原理、无线电技术基础等课程。上午他们按照自己的笔记给我们讲课,下午、晚上我们8人聚在一起或看书抄笔记,或就讲课中的难点和疑点进行讨论、总结。因为我们8人都是学习基础较好的学生,所以经过不到一个月的补习,就完成了机电专业课程的转换,学完了无线电类专业二年级的全部基础知识,达到了跟班学习的基本要求。9月1日正式上课,我们8人插班进入海军工程系雷达声呐专科声呐班(56-362班)学习。

1958年9月下旬,西工大寿松涛校长来哈军工考察时在哈尔滨友谊宾馆召见陈次功主任和我们8人,他除了鼓励我们努力学习,学成后当一个优秀的专业教师以及从校长特支费中拿出800元解决我们在东北过冬的衣物外,还转述了黄震中主任的口信:"要尽快融入军工同学集体,学好各门课程,并关注老师的讲课技巧。"此后每学期开学不久,黄主任总会给我们8人写信,指导我们的学习。

1960年11月下旬黄主任写信给我,要求我务必于12月10日之前提前结束学习回西工大,并叮嘱回校前尽量收集哈军工水声专业有关教学计划及教学大纲等方面的资料。接信后我找到专业教研室主任何祚镛老师等人寻求帮助。何主任十分客气地告诉我,由于保密的原因,他们不能提供上述资料,但口述了有关教学计划和主要专业课程大纲的内容。此外卢侃老师向我提供了苏联专家有关毕业设计的参考资料,耿鼎发老师更把他的水声工程课程讲稿赠送给我。

1960年12月8日,我告别了哈军工的老师和战友以及同去学习的同学,乘火车回到了母校西工大,放下行李后,立即去办公室见黄主任和奥书记。黄主任告诉我:1958年7月派你们8人去哈军工进修之后,系里又陆续调集了一批教师,购置了一台主动声呐和若干实验仪器;在学生方面,除从你们同届和下届(1957年入学者)调配了一些学生外,从1958年开始每年还招收20多名学生。目前水声工程专业的教师加上你们8人已有近20人,学生100多人。最近学校根据上级要求,统一安排各专业修订教学计划,并完善高年级学生专业课程教学工作,你们教研室(即307教研室)因为工作人员有些变化,经和陈次功主任协商,决定调你提前返校，担任教研室秘书，协助陈主任搞好专业教学计划的修订，并给即将毕业的学生讲授专业课。最后黄主任、奥书记同意我回家休息两天，12月11日到教研室上班。

12月11日上午，我到教研室主任办公室找陈主任报到，推门进去才知道陈主任上课去了，办公室坐着我的同班同学——教研室临时秘书王绿筠同志，从她的讲述中我知道了如下情况：

1958年下半年到1959年，除了派我们8人去哈军工进修外，系里又派王绿筠去中科院水声所学习了8个月，从华中工学院招来无线电专业毕业生吴松林任教员兼教研室秘书，从留苏预备班调来了张允孟、石礁华（兼任党支部书记）两位教员，从我们同届中调杨俊杰、李伯宗、张养民、谢朝矩等4人为预备教师，从南京和西安无线电学校招收诸其中、瑞秀敏、何林灿等3人为实验员。1959年底，在黄主任的筹划下，系里从苏联购买了一台主动式舰载声呐，并建立了专门的实验室。当前教研室除了为学生上课之外还搞了两个科研项目，一是正在研制的水声测量设备（代号681），二是正在接洽的海军航空兵委托项目——航空吊放声呐（代号352）。

为了建设实验室和搞好科研工作，1960年3月三系已把我们8人中的陈福楷调回来负责声呐实验室的建设，商高成调回来参加科研工作。

这一年多来教研室有些变化，一是石礁华突然病逝；二是上班不到一年的吴松林突然患病无法上班，系里让王绿筠临时代理教研室秘书。当前学校正在组织各专业修订教学计划，相关的要求和指导文件都在王绿筠这里，根据系里的要求王绿筠将教研室秘书的相关工作都移交给我，希望我协助陈主任把教研室工作搞得更好！

接手这项工作后，我认真阅读了相关的文件和规定，在和303教研室肖金硕主任及六系相关专业的负责人就技术基础课程的安排进行协调后，结合在哈军工收集的相关专业资料，我用了4天时间，拟订了一份包括计划说明和教学计划安排表在内的完整教学文件。

我们将文件整理后先交给陈次功主任和系里主管教学的刘锋副主任（当时好像是系主任助理）审阅后，再送黄主任审批，黄主任当即仔细地看完教学计划书后说："课程名称中的水音学基础、水音定位原理这两个名字是沿用苏联教材的名字吧？现在既然叫水声工程专业，还是和水声换能器一样，改作水声学基础和水声定位原理吧！"黄主任的细心让我十分感叹，并深受教育。至此，水声工程专业也有了正规的教学计划。

完成了教学计划的制订工作之后，我开始为第一批即将毕业的专业学生（实际上是我同年级的同学）讲水声工程设计与制造这门专业课。此后，1961年3月初在哈军工学习的马远良、赵俊渭、宁显宗、周彬泰、陆成科5人也回到了西工大，并立即给即将毕业的同学上其他专业课。到1961年7月这批由马永锷、孔祥梅等12人组成的首届水声工程专业毕业生完成了此专业的全部课程并顺利毕业，被分配到海军706研究所和无锡721厂等单位。

至此，三系水声工程专业在黄震中主任的运筹指挥下，成功创建！

二、把控关键：指挥专业教材编写工作，促进教学正规化建设，努力扩展专业在业界的影响力

1961年3月下旬，国防科委八局在征得教育部同意后，发文通知由西工大三系主持在上海锦江饭店召开的全国地方院校水声工程专业教材编审会议。西工大派黄震中主任、307教研室陈次功主任及我3人出席。其他院校包括上海交大、南京工学院各派1名系主任和水声专业教研室主任参加，华南工学院派1名教研室负责人出席。

会议由黄主任主持。他当时担任国防科委水中兵器和水声教材编审组组长。他在开幕式上讲道："教材建设是专业建设的关键所在，四校水声专业教学处在初建阶段，有必要编写一套专业课程教材，促进专业的快速建设和成熟发展。希望大家认真讨论编写大纲（大纲由我校提交），分工合作，尽快编写出该专业7门课程的教材。"

会议开了两天半，经讨论，最后决定由西工大水声教研室承担水声学基础等6门课程教材的编写任务；南京工学院水声教研室承担水声设备课教材的编写任务，1961年10月交稿。我当时担心任务太重，怕完不成。黄主任说："你们教研室除陈主任外，还有从哈军工回来的8位年轻人，给大家压压担子，会使他们更快地成长

起来。"

回校后教研室召开会议确定分工如下：①《水声学基础》由陈次功教授主编，张养民协助；②《水声定位原理》由陈次功教授主编，谢朝矩协助；③《水声换能器》由马远良主编；④《水声接收设备》由赵俊渭主编；⑤《水声发送设备》由商高成主编（商高成在完成基本编写工作后，1961年8月随首届毕业生被分配到706所，由周彬泰接替）；⑥《水声指示设备》由宁显宗主编。

经过大家的共同努力，10月初完成了全部6门课程教材的编写工作。9月底我写信询问南京工学院水声教研室主任沈永朝同志编写工作的进展，他回信说只写了几章，10月份肯定完不成。我们只好将我们编写的6门课程教材上报国防科委八局。不久八局戴参谋来函，指示由西工大印刷厂和兰州八一印刷厂印制，以北京科学教育出版社的名义出版发行，出版费由科委拨付。12月中旬6种教材全部出版，对后续的专业教学起到了非常重要的作用。

这套教材被上海交大采用，南京工学院和华南工学院各使用了《水声换能器》等两种教材，后来又被北京大学水声专业采用。此事使我校水声工程专业在同行中的影响力有了很大的提升。1961年12月黄主任指示我主编水声设备课程的教材。此教材于1962年6月出版，到此我专业7种专业教材全部出版。

锦江会议之后，陈主任因为有课直接回校，黄主任带我去无锡721厂参访。721厂的厂长、党委书记和总工程师热情接待我们；柳先总工程师陪同我们参观了工厂所有的车间和研究所的各个科室。在领导接见和参观过程中，黄主任不时地向他们介绍我的情况，目的是使我和他们熟悉，方便今后联系工作。黄主任这种扩大我们年轻人影响力的做法，对水声工程专业的建设和在业界的影响力起到了十分重要的作用。1961年4月1日，黄主任还约见了在721厂实习的李建勋、王正荣等3名学生。在听取了他们的汇报后，黄主任带领大家游览了太湖风景区，并一起留影。他关怀备至、平易近人的作风让我们年轻人激动不已。

与黄主任在无锡的合影

从左至右，后排依次是李建勋，黄震中主任，张永祥；

前排依次是王治有，王正荣

1961年9月，《教育部直属高等学校暂行工作条例（草案）》公布，学校和系里多次组织教研室负责人学习，力促以提高教学质量为中心的教学正规化工作。会上和会后黄主任多次督促307教研室要抓好各个教学环节的正规化建设。在黄主任的指导和督促下，教研室除了组织教员相互听课以提高讲课质量外，还组织编写了《水声工程专业毕业设计指导书和参考资料汇编》等材料。在教研室全体教员的努力下，1962级（1957年入学）20多名毕业生顺利完成了毕业设计任务。在毕业设计答辩时，黄主任亲自参加并邀请了学校的相关领导和专家旁听指导。他们一致认为，如此年轻的教师队伍能把毕业设计做得这样规范，论文水平这么高，真不简单。

从1961届（1956年入学）毕业生完成全部专业课的学习，到1962届毕业生（1957年入学）完成包括毕业实习和毕业设计在内的全部教学环节，三系水声工程专业从1958年8月起步到1962年7月走完了专业教学的全部过程。这中间除了教研室全体同志的努力外，系主任黄震中教授在各个关键环节、关键时刻都付出了巨大的心血，做出了关键性的贡献。

1963年6月2日，根据国防科委和教育部的安排，全国水声工程专业教材编审及编写计划安排工作会议在西工大召开。作为会议的主持单位，会前在黄主任指导下，307教研室的同志们经过半年的努力，为会议准备了铅印的示范性教学计划和7门专业课的教学大纲等文件。

参加这次会议的正式单位有西工大、哈军工、上海交大、南京工学院、南京大学和华南工学院6所学校，此外还特邀了山东海洋学院和青岛海军学校参加。西工大由黄震中主任、陈次功主任、马远良和我参加（我和马远良为会议秘书）。其他院校各有两名水声专业的领导参加，其中，著名的无线电专家、中科院学部委员、华南工学院副院长冯秉铨教授引起了广泛的关注，他不仅全程参加了会议的各项活动，还应寿松涛校长的邀请在西工大阶梯教室作了一场精彩的学术报告。

6月2日上午9时在黄主任主持下会议开幕，黄震中主任、寿松涛校长、冯秉铨教授发表讲话。此后3天，大家对水声专业示范性教学计划和7门专业课教学大纲等文件进行了热烈的讨论，确定了上述文件的正式文本，并针对新修订的教学计划确定了7门专业课程教材和3种教学参考资料的撰稿人和审稿人。这次会议的成果虽然因某些情况而搁浅，但是却使西工大水声工程专业在国内同行中的影响力和声望大大地提升了，这中间凝聚着黄震中主任的大量心血。

三、高瞻远瞩：积极推动科学研究工作，努力促进消声水池建设

1963年底至1964年初，水声专业的教学体系已基本形成，教师队伍和教学工作已经走上正轨，此时正好国防科委要求各校制订和上报科研工作5年规划。于是黄主任和主管科研的上官信副主任多次找教研室陈次功主任、党支部书记陆成科和我谈话，力促一直搁置的航空吊放声呐（又称"352"）项目上马。黄主任多次强调：高等工业院校只有努力抓好科研工作，才能不断增强实力，提高教师的业务水平。根据黄主任的指示，经教研室党支部大会和全室教员大会讨论，决定抽调马远良、杨俊杰两人专职从事科研工作，并由马远良、杨俊杰、赵俊渭、闫宜生（1962

年7月由33专业毕业分配来307教研室）、宁显宗、张允孟、谢朝矩和我组成352项目科研组，马远良任组长，我主要负责内外协调工作，其他同志参加具体的研制工作，后又从305教研室借调了崔士义参加控制稳定系统的研制。

经过全体参研同志，特别是马远良、杨俊杰两位同志的努力，到1964年11月已经有了1个比较成熟的原理样机方案和4个分机及换能器的初步实验数据。

为了正式样机的制作和指标测试，马远良等同志提出急需建立一座消声水池实验室。于是我向黄主任汇报，黄主任在科研处付恒志处长的提示下，出面邀请大学科研部部长胡沛泉教授于1964年11月11日到307教研室听取专业介绍，参观声呐实验室，并向他当面提出建设消声水池实验室的要求。经过黄主任的努力，水池建设的要求很快得到批准。几个月后，一座占地120多平方米的二层消声水池实验室在三系教学楼（现书海楼）南面建成，其六面有消声尖劈的8×6×4立方米的水池，这是当时国内除706所外的唯一一座。

国家科技发展12年规划（1956—1967年）的后期，上级要求赶紧抓好常规武器的重点项目。1965年初，黄震中教授出席国防科委规划会议，带回来的文件中明确规定了航空声呐的研制任务：要求西工大牵头协同第七研究院承担航空声呐装备研制，内容包括直升机吊放声呐、声呐浮标和磁力探测仪。经学校与第七研究院协商，共同组建航空声呐研究室，承担航空吊放声呐研制任务。浮标和磁力探测仪另作安排。1965年2月15日第七研究院指派下属706所科技处姜明玖等人来西工大磋商，具体落实校院合作关系。学校指派马远良和我与他们共同草拟初步协议，再由三系刘锋副主任及科研处傅恒志处长出面与他们敲定西工大和第七研究院的合作协议文本。2月18日寿松涛校长和黄震中主任听取了我们的汇报，批准了双方合作的协议，其内容大致如下：

①西北工业大学与第六机械工业部第七研究院联合，在西工大建立航空声呐研究室，简称"五研"（即西工大第五研究室）。由双方协商调配科研人员和干部，由西工大实施日常管理。②以三系现有人力为骨干，706所从当年西工大应届毕业生分配指标中拨出5~10个名额给西工大，人员名单由西工大确定；③研究室的政治活动和业务工作由西工大负责，706所派1名干部参与管理和协调；④双方及时进行沟通，706所在科技资料的查阅、复制等方面为西工大提供方便；⑤科研成果由

双方共享。

此后，我校在即将于1965年8月毕业的水声工程专业学生中，挑选了郑一鸣等6人分派给706所。这6人毕业后直接留在五研工作。同时706所派肖永岷等多人参加研究室的筹建工作。

随后不久，经我校与七院协商，任命三系系主任黄震中教授兼任该研究室主任，706所派来的肖永岷担任行政副主任，西工大马远良担任科研副主任和项目负责人。为加强科研力量，学校又从905、605和109教研室抽调一批在航空仪表、飞行控制、机械设计方面的骨干教师，投入352科研项目；同时又和沈阳613厂（上级规定航空声呐为该厂专业方向之一）联系，由该厂派出10名左右的工程技术人员到五研参加研制工作，为将来投产做人才和技术准备。短短3个月的时间，迅速组织起50多人的研究队伍，加之校领导和科研处、设备处、机工厂、后勤处、财务处的大力支持，352项目的研制任务于1965年5月在西工大"轰轰烈烈"地开展起来。同年秋，由七院科技部邱健休部长主持在北京召开的航空吊放声呐设计方案审查会议。会上，总体设计方案顺利通过。从此拉开了10年奋斗、开拓我国航空声呐研制的帷幕。

1968年，706所和613厂相继撤回了所有人员，我校补充了一些科研人员并承担起全部任务。

1976年冬，经过多次海上测试，第一代航空吊放声呐研制成功，经海军航空兵部来人考查，决定于1977年春在北京海军司令部招待所进行项目鉴定。参加鉴定的单位有中科院水声所、706所、721厂、哈尔滨船舶学院（原哈军工三系）、南京工学院、华南工学院等单位的专家。鉴定会议确认西工大研制的第一代航空吊放声呐性能先进，填补了国内空

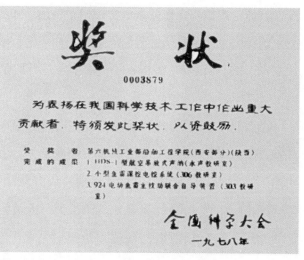

1978年全国科学大会奖状

白，经航空军工产品定型委员会批准"设计定型"。该项目于1978年3月获得全国科学大会奖。

1978年11月，我由于家庭等原因离开了奋斗了18年的西工大水声工程教研室，特招入伍，进入郑州解放军信息工程学院。

此后，特别是改革开放以来，西工大在马远良等同志的努力下，在吊放声呐等领域取得了举世瞩目的成果。我在由衷祝贺的同时，也确实感受到当初黄震中主任力促352项目上马，真的是高瞻远瞩！

后记

我从1958年12月初到1978年11月底的18年中一直在黄震中主任领导下的三系307教研室工作、生活。黄主任对我的关怀教育、鼓励批评、支持帮助，我一直铭记在心。他那和蔼可亲、豁达大度的人格魅力，高瞻远瞩、运筹帷幄的领导艺术和抓住关键、锲而不舍的工作作风让我敬佩，促我学习成长。对我一生的事业产生着重要影响。

附言：

十分感谢马远良同志，他除了对文中前两部分做了不少修改和补充外，还对第三部分有关航空声呐研发（1965年2月至1977年）过程进行了认真的修改，从而还原了事情的全貌，使本文更加真实。

作者简介：张永祥（1935年11月25日—2021年5月1日），男，陕西省兴平市人。1956年考入西北工学院。1960年12月至1978年11月任教于西北工业大学三系水声工程（307）教研室，先后担任教研室秘书、副主任、主任，见习助教、助教、讲师等职。1978年11月特招入伍，在解放军信息工程学院先后担任教员、副教授、教授，教研室主任、系主任、训练部副部长等职，大校军衔。1996年初退休，现为郑州市第七军休干部休养所退休干部。

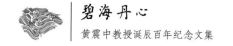

永不停息的脚步

◎ 李伯宗

我是在黄震中教授创建的水中兵器系（三系）成长的，黄震中教授在三系的教学和科研工作中贡献了毕生的力量。时光如箭，数十年求学和任教的过程，历历在目，难忘以黄震中教授为首的系领导和老师们的培养和鼓励，难忘黄震中教授在三系教书育人和科研攻关中永不停息的脚步。

一、求学任教之路

我是一个在农村出生（1934年11月）并长大的孩子，1956年被学校政治保送到西北工学院，又通过了考试。当收到录取通知书时，我兴奋不已。虽然感觉学校离家太远，但党的需要就是我的志向，再远都要去。于是，我按期到沈阳第四中学集合点报到。稍作休息后，在西工招生负责人梁启杰老师的带领下，东北三省102名学生乘坐烧煤的蒸汽机车，几经转换，直到目的地陕西省咸阳市，我们的脸上才露出了笑容。

按照国家要求，西北工学院改为国防院校，新设置一、二、三系，其中三系为水中兵器系。三系先设置水雷设计及工艺和鱼雷设计及工艺2个专业，命名为6专业和7专业。6专业有3个班，6101～6103班；7专业有4个班，7101～7104班。我被分配在7专业，是7104班的学生，我很庆幸，因为这个专业学习的是水下可以跑的，很有意思。开学了，系主任黄震中教授给我们讲话，他文质彬彬，学者风度十足，给我们留下了深刻的印象。我们很高兴有这样一位从美国回国的教授当我们的系主任，因为当时全校只有少数几名教授。当时学校成立了一、二、三系联合办公室，主任为奥季陆老师。

三系是在1956年建立的，当年就开始招生，我们原来还担心老师可能缺少相关的知识储备。头两年，最让我们感到新奇和幸运的是上大班课。黄教授十分重视对我们的基础培养，基础课（数、理、化）老师是王焕初、丁思纯、李仙舟老师，全是著名的老教授，我们十分高兴，认真学习，用实际行动回报老师对我们的培养。

1957年，专业设置又遇调整，一、二系撤销，其学生转入北京工业学院学习。之后国家批准西北工学院和西安航空学院合并，成立西北工业大学。1958年初，我们打好背包，背上自己的物品，从咸阳徒步来到位于西安的西北工业大学，开始了新的学习和生活。

在最初建立的31（水雷设计及工艺）和35（鱼雷设计及工艺）专业的基础上，黄震中教授根据苏联专业的设置及我国水中兵器的实际需求情况，打报告并经上级批准，于1958年7月1日宣布新组建33（鱼雷自导与非触发引信）和37（水声工程）2个专业。新专业批准建立，首先要有学生，其次要有教师，黄主任为此做了大量细致的工作。

1958年下半年，黄主任从6专业和7专业的7个班中选调出28名学生，组成了33专业的学生班——3311班，我就是被调进的一员，上33专业的有关课程，并听苏联专家高洛霍夫的专业课。同时，黄主任也为37专业的学生班选调了学生。

对于教师队伍的建立，黄主任采取选才和培养并举的办法。教师组建是白手起家，一部分是由清华、北大、北京工业学院等院校相关专业毕业后分来的，一部分是去哈军工和北工短期进修后回来的，多数是从高年级学生中选拔培养出来的，从而形成了三系教师队伍的雏形。

1958年37专业组建，需要为新专业配备教师。黄主任当年就从在读的学生中选拔出马远良、张永祥等8名同学作为预备教师去哈军工相近专业插班学习；接着于1960年从33专业在读的学生中选拔出6人（李伯宗、杨俊杰、田云川、徐扬才、王治有、岳永福），作为新组建的37专业的预备教师并立即培养。黄主任为了提高新专业的教学质量，还去苏联邀请了专家来校教学。当时，系领导奥季陆书记对我们讲："系领导研究决定选拔你们6位作为预备教师，为新建的37专业培养教师，37专业的苏联专家很快就要来了，你们要好好听他的课。"他最后问："你们愿不愿意留校？有意见没有？"我们都说："没意见，服从组织安排。"我们很高兴能留校当教师，从此之后我们6位学生就边学习、边工作，每月收到学校发给预备教师的25元津贴。然而，由于中苏两国关系变冷，黄主任为37专业邀请的苏联专家虽然已经来到了北京，也很愿意来西安教学，但最终还是被他们的大使馆召回了。

黄主任为三系各专业选拔、培养教师做了大量细致、耐心的工作。例如，在1960年4月、5月、6月、7月和9月间，分时、分批选拔了一批高年级学生作为各专业的预备教师：相敬林为301教研室预备教师，武延祥、刘东启、谢一清、田婉逸、祖富宽、王绍卿为303教研室预备教师，徐德民为305教研室预备教师，谢朝矩为307教研室预备教师，李润清为行政预备教师。可见黄主任对于选拔青年预备教师这件事十分用心和慎重。

三系一建立，黄主任就十分重视教材和专业资料的建设。37专业是新专业，十分缺乏教材和专业资料。我们作为年轻教师，迅速开展了这方面的工作。黄主任争取到国家给37专业调拨了一台苏联产的×××声呐站。我与杨俊杰花了很多时间对该声呐站的技术性能进行摸索，并按照说明书完成了安装和调试工作，使该声呐站达到原产品设计功能要求，不但能给学生开设该专业的实验课，而且通过上述工作，对设备资料进行了充实和完善，最后形成了水声设备课程教学用的专业讲义。从1960年开始去哈军工进修的8位学生陆续回归，壮大了教研室的力量，37专业的教学工作从此走向正轨。除讲课外，我还承担着各教学环节的工作，如带领学生海上认识实习、工厂生产实习、毕业实习、指导毕业设计等，先后去过旅顺海军基地、青岛海军基地、成都电子仪器厂、咸阳795厂、无锡721厂、沈阳613厂、武汉722研究所、西安872厂等。

二、科技创新之途

黄震中教授自建立三系起，就十分重视科研工作。在建系初期，虽然教学任务极其繁重，他仍着手建立科学研究机构，并亲自带领年轻教师，投入到国家重点项目的研究工作中去。我们这些年轻教师，从跟着干、跟着学，到主动干、创新干，在科研中磨炼成长，在科研中为国家做出贡献。

1958年，黄主任主持建立了水中兵器研究室（五零研究室）、研究所（五零研究所），并亲自担任室主任和所长。我们首先参与了一些项目的论证，得到了科研工作的锻炼，之后逐渐挑起了重要科研项目的担子。

1968年在黄主任的带领下，我校承担了上级下达的重点科研项目"主被动联合声自导装置"的研制工作。因工作需要，11月我与陈福楷、赵清由307教研室调到了303教研室，投入到该重点科研项目中。该项目当时在国内尚属空白，要求高，难度大，资料和经验都十分缺乏。但大家干劲十足，信心百倍，不怕吃苦，不怕碰钉子，项目中的技术骨干大都是黄主任自建系开始培养起的年轻教师，尤其是1961届毕业的第一期学员。大家分工合作，齐心协力，开始项目攻关。

1970年秋至1974年夏，我们在完成原理方案的基础上，进行初样试制。在此期间，我们试制了两型样机，同时研制了配套用主动声源（应答机）的初样和正样，进行了多次静态海试。试验表明，初步设计方案基本可行，为动态海试打下基础。

1974年秋至1978年夏，我们进行了动态跑雷摸底海试，并改进了设计。在此期间，我们先后研制了多台样机，进行了多次动态海试，考核自导、非触发引信和电深控装置的技术性能和协调特性。

1978年秋至1981年冬，我们进行了原理样机性能考核及改进完善，确定了最终的设计方案。此外，我们还积极进行了多套设计定型海上试用样机的生产，安排了一系列的整机环境试验，并整理出全部的生产图纸及资料。

1982年2月至5月底及9月至12月底，我们进行了国家一级设计定型动态海试，全面考核各种主要战术技术指标及各部分间的稳定配合，进行了充分的海上试验，正式考核技术性能达到技术指标要求，圆满完成产品定型试验任务。

1983—1985年，该项目设计定型后，转入批量生产，刘东启任总师，我任副总师，承担批量生产和湖上交验任务，包括对工厂人员进行培训、生产进度协调、技术把关、处理生产中遇到的技术问题，为该产品尽快装备我国海军提供保障。

该项目的研制经历了近20年的时间，我们克服了许多难以想象的困难，创新攻关，团结奉献，甚至有人为此献出了宝贵的生命。

项目组的成员来自四面八方，他们召之即来，都有舍小家为大家的奉献精神，他们没有星期天、节假日和寒暑假的概念，吃完晚饭就去办公室干自己的事情，很晚才回家休息。电路设计、元器件选取与老化、印制板设计制造与焊接、单板调试、分机整机联调、各类文件资料编写全要亲自动手，很少能在家管孩子的学习，在外地试验就更没有时间了。那个年代的湖海试验，往返都是硬座，日夜兼程，那么重的仪器箱上下车、上下船全靠人抬，从来没有人领过加班费或奖金。

1981年冬天，我们在旅顺海军试验场平台上做静态海试，突然遇到一人多高的涌浪袭来，教研室主任、项目负责人肖金硕同志因顾及试验设备撤离得稍晚一点，直接被涌浪打倒在平台上，一旦被涌浪打下平台，后果不堪设想，人们根本没办法营救。当时，大家都喊："老肖抓住钢缆，快抓住钢缆。"波浪稍缓大家马上跑上去将他拉回来，但他身上的军大衣被冰冷的海水完全浸透，万幸的是把人救回来了。1982年又在此试验场做动态海试，由于长期担任该项目的领导，责任重大，顺利时喜，受挫时忧，积劳成疾，肖金硕在旅顺海军医院确诊为喉癌，我们派人将其送回西安，在济南手术，过了一年多就去世了。我们心中十分悲痛，在大操场专门召开了肖金硕先进事迹报告会。1984年上半年在青岛海军基地做动态试验，刘东启突然感到腿脚不利，病情恶化很快，最后走路都要扶墙，试验结束后他到西安四医大做颈椎手术，术后痊愈，紧接着又投入到紧张的科研工作中……

1983年10月在青海湖做动态试验时，急需湖水资料，我打电报请求派人急送温度梯度仪。李保义扛着很重的仪器箱，乘硬座到西宁，又换乘公交车到150公里以外海拔三千多米的青海湖，试验得以顺利进行。大家都说："辛苦了，谢谢你。"他只是用大笑回答我们。这是什么精神？这是团结奋斗的战斗精神，是不怕苦、不怕死的无私奉献精神，需要一代一代的人们发扬光大。

现在回忆起十多年的艰苦奋斗历程，我们流了汗、流了血，又流了泪，但一切都是值得的。该项目技术难度大，填补了国内的空白，取得了不少创新成果。

1978年，924电动鱼雷主被动联合自导装置（303教研室）获全国科学大会奖。

1983年，924主被动联合单平面反舰声自导装置获中船总公司重大科技成果二等奖。

1985年，主动、被动与主被动联合声自导电动鱼雷获得国家科技进步一等奖。这是西北工业大学获得的第一个国家科技进步一等奖。

该项目的研究成果还被推广应用到许多方面，包括高速热动力自导鱼雷。自1983年起，科研攻关历时3年，直到1985年，研制任务圆满完成，填补了我国热动力自导鱼雷的空白。1986年8月该项目通过了部级技术鉴定。1987年获得中船总公司科技进步二等奖。

1984—1987年，我又负责时变增益自适应控制及指令分机微机化的研制，取得了整套系统技术的突破，在国内鱼雷自导系统中属于首创，为国内新型鱼雷的研制闯出了一条新路。1988年部级技术鉴定会在西安召开。1989年该项目获得中船总公司科技进步三等奖。

1990年，我被航海学院任命为西工大雷纳仪器仪表研究所所长，直到1995年退至二线，任副所长。

黄震中教授倾注毕生心血，迈着永不停歇的脚步，带领创业的教师，建立起填补国内空白、水平先进的水中兵器专业体系。

我作为三系培养的第一代学生和年轻教师，在黄震中教授引领的水中兵器事业的道路上，也迈着永不停歇的脚步，为我国的国防教育和科技事业贡献了毕生力量。

希望新一代航海学院的航海人，继续迈着永不停歇的脚步，为建立世界一流学院和一流学科团结奋进，登上新的高峰。

作者简介：李伯宗，教授，男，1934年11月生，长春市双阳区人。1956年考入西北工学院三系。1960年5月按一机部（60）教字20号文件留校（307教研室），边学习、边工作。1961年正式毕业从教。1968年调入303教研室，主要从事科研工作，任303研究室副主任。

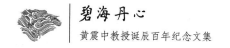

长歌颂宗师

◎ 王福海

黄河奔流怒卷涛，独立危岸斥日嚣。
少年立下救国志，清华中大赴美留。
学成硕士无反顾，还国富贵皆可抛。
难忘荒原回陇上，机研所穷为难交。
中华大地起惊雷，四九诞生共和国。
天安门上毛主席，向世宣告震寰球。
百废待兴千古事，人才奇缺使人愁。
兰大西农西工院，同聘奇才黄教授。
千呼万唤始出来，陇上才俊令人骄。
以身许国科教业，为国育人造栋梁。
五六西工春雷动，天降大任黄震中。
领军挂帅鱼雷业，攻坚克难登天梯。
一时激起千层浪，日夜筹谋拟大纲。
上下求索寻大道，走出请进谋略高。
华岳千仞西峰峻，举步难渡咸阳桥。
秋风瑟瑟开学急，三系学子满堂齐。
英俊潇洒黄教授，登台宣告专业奇。
海防鱼雷强国梦，尔等勤学苦练功。
众生初见周郎面，敬畏保密尊师言。

激扬文字书万卷，美苏难题指间翻。
不负韶华无昼夜，敢与强国斗尖端。
五九领军青岛去，登舰实习驰海天。
鱼雷快艇驱逐舰，更有潜艇卧港湾。
乘风破浪行千里，舰艇如飞斗龙王。
四野巨浪排山倒，海天一色鸟飞绝。
宣告舰达公海上，大海茫茫真苍凉。
山川森林家何在，寂静无声心发慌。
突然舰炮震天响，弹弹冲靶耀烟光。
更有鱼雷飞龙蛟，犹如白鲸入碧涛。
大海一时都不见，碧浪突现银蛇逃。
空投鱼雷似伞兵，托曳声呐飞搜急。
当天主任同登舰，恰似元帅立船舷。
学生水兵列甲板，犹如出征战敌顽。
惊心动魄习海事，终生难忘师情怀。
从此更坚航海志，誓死铸就海长城。
海军击沉太平舰，震惊蒋军魂胆寒。
初试牛刀军威显，天下谁敢再来犯。
苏又援助声呐赞，学子两分系楼前。
从此建全水兵器，两雷声呐并举圆。

风云突变苏背信，私撤专家起狼烟。
一时震怒毛主席，自力更生图国权。
两弹一星拼命上，三系日夜强海舰。
三年困难还苏债，众志成城渡难关。
六一学子毕业时，去留东西争自强。
水下导弹第一届，堪当大任攻坚忙。
宗师率领阔步进，航海学院举国扬。

声呐鱼雷两院士，代代桃李出栋梁。
著书立说废餐寝，科技创新建奇功。
多项荣获国家奖，赶超国际任翱翔。
可上九天揽月去，可下五洋捉鳖忙。
乐站讲台六十载，含辛茹苦鬓染霜。
为建祖国千秋业，哪顾春夏与秋冬。
窗含秦岭太白雪，门对渭水清流长。
学子难忘恩师教，无限风光看今朝。
教授功高垂青史，丰碑高耸上九霄。
宗师百寿学生拜，京华遥纪望穹苍。

作者简介：王福海，男，1935年11月生。1961年7月毕业于西北工业大学三系声呐（水声工程）专业，长期从事军工电子信息的工程设计与科研工作。1962—1966年，主持完成国家军工电子信息重点课题研究任务，打破美、苏封锁，填补了国家空白。1971—1973年担任援助罗马尼亚5项电子工程的专家组组长，并赴罗考察谈判。1984年调入电子科学研究院、中国电子信息产业发展研究院等单位，取得多项重要科研成果，受到原国家科委主任宋健和原国家科协副主席朱光亚院士的接见。1986—1989年参加中日科技与经济合作研究工作，两次赴日考察交流。1993—2006年担任中国电子学会工业工程分会秘书长。1996年退休。

为航海教育事业矢志不渝的黄震中教授

◎ 武延祥

1956年春天,对于高中三年级的同学来说非同寻常。因为再过几个月就要毕业了,毕业后走向何方是每个同学都要面对的现实问题。同学们议论不休,谁也说不准该怎么办。正在大家不知所措的时候,学校领导通知高三全体学生开会,同学们都盼望能听到好的消息。校长说接上级指示,有三件事要告诉毕业班的同学:第一是要在高三毕业生中选派留苏预备生,准备去苏联学习;第二是要选拔空军飞行员;第三就是对大多数同学来说准备上大学。与往届不一样的一点就是国家要建立几个国防专业,具体在位于陕西咸阳的西北工学院设立,而且我们学校要保送学生读国防专业,但保送只是政治保送,考上考不上还要看你的高考成绩够不够,不参加保送的同学还和往年毕业生一样,自己选专业、选学校。对于前两件事,只有极少数同学可以参与,大多数同学还是准备参加高考,成为一名大学生。我有幸被学校政治保送上西北工学院,录取后我们几位同学来到了咸阳,报到后才知道国防专业有好几个,具体名称还是不知,只知道有三个系,统称为机械系。开学后我们才知道三系是水中兵器系,有两个专业,一个是水雷设计及工艺专业,一个是鱼雷设计及工艺专业。同学们对这两个专业闻所未闻。大家只知道打仗有地雷,是地里埋的雷,一碰就炸,很厉害。那水雷是什么意思呢?顾名思义,水雷就是埋在水里的地雷。同学们你一言我一语,众说纷纭,后来听了系主任黄震中教授的介绍,心里就清楚多了。他告诉同学们,我们能学国防专业是我们的光荣,这些专业是国家第一次在高等院校里设立,是国防建设的需要,是保卫国家的需要,希望我们不负重托,积极努力,刻苦钻研,做一个"又红又专"的大学生,成为报效祖国、建设祖国的栋梁。黄主任反复强调，我们系是个新系，一切都得从头来，希望同学们配合我们把新系办好，把各项工作搞好。我们系老教师不多，大部分是年轻的教师，而且大多数都是从别的专业转过来的，有的还在进修提高，这是我们系里很大、很繁重的任务。黄主任特别注重对教师队伍的建设工作，他认为要教出好学生必须要有一支高质量、德才兼备的教师队伍。

1958年前，水中兵器系只有两个专业，即鱼雷设计及工艺和水雷设计及工艺专业，后来根据国家的需要，学校要设立一些新专业，黄主任根据水中兵器专业建设配套的需要，建议在水中兵器系增设两个专业，即鱼雷自导与非触发引信（简称"鱼雷自导"）和水声工程两个专业，得到了学校和部里的批准，他还建议聘请这两个专业的苏联专家。为了加快新专业的发展，他和系里的领导协商并报学校同意，抽调电工教研室教师沙峰担任鱼雷自导专业教研室主任，抽调物理教研室教师陈次功担任水声工程专业教研室主任，并从三系两个原有专业的二年级学生中抽调28名学生成立鱼雷自导专业学生班，还抽调8名学生到哈军工插班学习水声工程专业，作为预备教师培养，以促进这两个专业迅速成长。黄主任多次说过，我们这些学生就是三系的后备力量，是建设三系特别是这两个专业的骨干，希望我们好好学习，将来好好工作。

1959年4月，鱼雷自导专业的苏联专家高洛霍夫来到学校讲课，本专业的教师和学生一起听课，705所的部分职工也来校一起听课。由于当时学校没有宾馆，苏联专家住在位于新城中心的人民大厦，上班来回均由学校派车接送。黄主任对这件事非常关心，经常询问讲课的情况，专家能不能按时来，讲课速度快不快，大家能不能听明白，有没有什么问题。后来由于中苏关系变化，苏联专家在1960年2月回国，没有完成原先的教学计划，专家本人对我们还是友好的，临行前还和教研室的老师们开了个座谈会，除本专业老师参加外，部分同学也参加了。会上高洛霍夫语重心长地说，我没有完成任务，不想回去，但这是政府的决定，我本人没有办法只得服从，就不能给你们讲课了，该讲的也讲得差不多了，但是我还是建议你们以后要设立三门新课，以促进专业的发展，一门是控制论，一门是计算技术，还有一门是信息论。座谈会上讨论的内容，教研室领导很快就汇报给黄主任了，主任听了以后觉得很好，要求我们认真研究，落实后把专业办好。

1960年秋天，开学后不久，我在系里遇见了黄主任，他问我最近忙什么。我说没忙什么，就是遇到难题了。他问什么难事，我说教研室让我准备信息论，可我一点都不懂，很想找个地方进修。黄主任思量了一下说："那行，你去找找。"我说已经找过了，咱们对角的中国人民解放军军事电信工程学院（简称"西军电"）有信息论课程，是给本科高年级开的，我联系过了，人家说他们是部队院校，不对外开放。黄主任听后非常关心，他说："我同教务处联系一下，让学校出面办理。"我听了非常高兴。过了不久，教务处打电话给系里，说已经联系好了，西军电同意去旁听。这下我心里的一块石头总算落了地。西军电讲课的老师年岁较大，很客气，他告诉我说："名义上你是旁听生，实际上和其他同学一样，有什么问题都可以问我，也可以和同学们一起讨论，其实只有一个目的，就是帮你把这门课学好。"后来我才知道，讲课的老师是陈太一，他是学院里为数不多的教授。这门课需要用到概率论和随机过程等方面的知识，而我在这方面的基础太差。不久又遇到黄主任，他问我听课的事办得怎么样，我如实地报告给主任，他说："那就好，把你的难题解决了，好好学学概率论方面的知识，听说学校夜大有老师讲课，你可以打听一下。"经打听得知，是一位八系的老师讲概率论，他是按照一本俄文教材讲的。随即我去外文书店买了这本书，一边听课，一边看书，这个难点也就差不多解决了。多亏黄主任的帮助，这样一来，我准备信息论课程也就不太难了，这为我以后从事这一类型的教学工作奠定了扎实的基础。

黄主任自三系一建立，就着手搞"三才建设"，即人才、教材和器材建设。在首先建立好教师队伍的基础上，十分重视教材建设。1960年，他担任国防科委水中兵器和水声教材编审组组长，负责水中兵器和水声方面的教材编写工作。黄主任亲自领导全国水声工程教材编写。1961年在上海，他主持召开了全国地方院校水声工程专业教材编审会议，确定了教材编写大纲及分工。1963年全国水声工程专业教材编审及编写计划安排工作会议在西工大召开。307教研室作为会议的东道主做了充分的准备工作。会议由黄主任主持，西工大校长寿松涛，华南工学院副院长、学部委员、一级教授冯秉铨在会上作了讲话。参加会议的全国水声专业的教师共计十多位，分别来自华南工学院、上海交通大学、南京工学院、哈尔滨军事工程学院、西北工业大学及有关研究单位。我们与参会同事认真地讨论了水声技术的现状，特别是存在的问题和今后的努力方向。会上还重点讨论了舰船消声和抗干扰接收等问题，并达成了共识。大家一致认为，这次会议开得很好，很及时，进行了互相交流，增进了相互了解，希望大家团结起来，携手共进，为水声事业的发展和壮大贡献了院校的力量，为以后的教材建设指明了方向，奠定了良好的基础。大家认为类似的会议今后应该多开几次。

黄教授作为当时我国高校唯一的水中兵器系系主任实在不易，建立初期一切都得从零开始，好在黄主任高瞻远瞩，抓住主要环节，步步推进。他把重点放在教师的培养和提高上，他觉得水中兵器系青年教师多，未来系里的建设与发展就得依靠这批力量。后来的实践证明，就是当时的这批年轻教师在教学科研和实验室建设工作中发挥了决定性的作用，为我国的航海事业做出了重大贡献。

黄主任把毕生精力都奉献给了我国的航海事业，一生光明磊落，大公无私，为我国的国防事业和教育事业鞠躬尽瘁，他开创与奋斗的精神风范将永远启迪子孙后代。

作者简介：武延祥，男，1937年2月生，陕西蒲城县人。1956年进入西北工学院国防专业，1958年7月转入水中兵器系鱼雷自导与触发引信专业学习，1960年5月抽调为预备教师，1961年9月转正，从助教、讲师、副教授到教授，一直在航海学院工作。在校内从事过信息论、信号检测原理、随机信号分析等本科、研究生课程的教学工作，为了配合专业发展的需要，还同其他同志翻译了俄文版《海洋混响的统计特性》、英文版《声呐统计方法》《随机信号分析习题集》和《现代谱估计》等书，分别由科学出版社、国防工业出版社出版。1997年3月退休。

怀念黄震中教授

◎ 王三刚

一提起黄老师的名字,我的脑海中立即浮现出他的音容笑貌,高大的个子,白皙的皮肤,穿戴朴素而洁净,鼻梁上架着一副金丝眼镜,讲话时思维敏捷、有条不紊,神态温文尔雅,一派学究气质。使我想起唐代著名文学家韩愈的名篇《师说》:"古之学者必有师。师者,所以传道受业解惑也。" 说黄老师是韩愈笔下所述标准之典范一点也不为过。通过了解和体会,我认为黄老师有三点令人崇敬的高尚品德。

左起:王三刚,黄震中,屈志辉

首先，黄老师热爱共产党，热爱祖国。他留学美国，1948年获美国衣阿华州立大学机械工程硕士学位。他放弃了在美国的优越生活，义无反顾地回到祖国，投入到建设祖国的事业中。

其二，每个中华儿女，都不会忘记在鸦片战争和甲午海战中受到的耻辱。新中国成立之初，居安思危，1953年2月21日，毛主席在海军舰艇部队视察时为两舰题词："为了反对帝国主义的侵略，我们一定要建立强大的海军。"黄老师殚精竭虑，下定决心要将我国的海防建设作为他的毕生事业。1956年，他受命在西北工学院建立水中兵器系，并任系主任，而且于当年开始招生，培养国家急需的专业人才。我们1961年毕业，是鱼雷专业的首届毕业生，有43名同学投身到山西侯马874厂研发国产鱼雷。为了支持工厂尽早攻克研发中的关键技术问题，他派工艺专业的张乃曾和李增南老师到厂，为学生补授工艺方面的课程。黄老师还亲自在厂101号楼顶为工厂技术人员讲授了鱼雷发动机原理结构及其历史沿革，705所总工程师时飞还讲授了鱼雷的发展史和今后的发展方向。为了早日研制出我国的鱼雷，工厂掀起试制的生产热潮。1966年3月31日，国产鱼雷总装联调检查合格，李宝庆厂长无比激动、无比自豪地宣布："我们历尽艰辛，自力更生，终于有了我们自己制造的鱼雷，结束了我国不能生产鱼雷的时代。"

1967年，我去青岛参加国产鱼雷的实验，发现鱼雷弹道不稳，于是用黄老师讲授过的鱼雷总体知识进行计算分析，代德全帮我摇计算机，算出了自由角这一参数，然后采用此参数进行了实验，发现鱼雷较以前稳定多了。回厂后我把计算的资料送给了在设计所的同学周耀东。后来从东海大会战中获悉，马镇国同学加大鳍板，经过苗在田同学精研计算，确定改进方案并设计改进图纸，改善了鱼雷弹道的稳定性。记不得是哪一年，我有事到学校，遇到黄老师。他当时忙于组织编写《国产鱼雷使用手册》，问到我鱼雷定深簧的情况。他讲要特别注意定深簧的热处理问题，我说已经过了关，工艺也定型了。他连说这就太好了，这就太好了！705所查志武同学到厂里想要索取定深簧的热处理工艺，我和他到厂里负责定深簧热处理工艺的技术人员吴天申处拿到定型的工艺规程后，他将工艺规程带回了所里。兹后，我从705所研发鱼雷的回忆文章中知道，定深簧是定深器的性能件，这是一根特级精度铍青铜弹簧，1964年曾与上海一家仪表厂签订了加工协议，该厂仔细消化图纸后，宁愿罚款也不愿干。于是，705所又找了一家专业弹簧厂加工，历时一年，耗用7.65千克的宝贵铍青铜丝，得到的是十几根不合格的弹簧。可见黄老师对定深簧的重视，是多么的正确。他对一个性能件如此关注，可见对整个鱼雷的试制就更加关心了。1971年9月国产鱼雷定型，解决了海军没有国产鱼雷的大问题，完成了中华夙愿。黄老师为此倾注了许多心血，立下了汗马功劳。国产鱼雷定型不久后，工厂又开辟了一条新的生产线，要研制新型鱼雷。而难能可贵的是，黄老师为了使这个新型鱼雷早日研制成功，他精心策划，组织和集中三系的人力，全力与工厂密切结合，攻坚克难。那时期我就见蒋相宗、刘东启等同学先后来厂做技术指导。印象最深刻的是，1981年12月8日徐德民同学给工厂部分有关的技术人员讲授鱼雷电深控课程，紧接着11日谢一清同学做鱼雷自导讲课。在厂、校的共同努力下，1985年该型鱼雷定型，获国家科技进步一等奖，并装备海军。

从组建水中兵器系，培养了一大批国家急需的专业人才，到研制出一型、两型和多型鱼雷，实现了鱼雷型号从低级到高级的跨越，使中国跻身于世界先进国家行列，这就是黄震中老师一生奋斗追求的事业。他是这个事业的拓荒者和奠基人，我们这些后辈，在他百年诞辰之际，恭恭敬敬地给他带上"中国鱼雷之父"这一桂冠，以表达我们对他的敬意。

其三，黄老师有一颗纯粹诚挚的心。1987年12月初，我接到武汉海军工程学院科研部的请柬，参加《鱼雷规范》预审会议。这次会议邀请了许多鱼雷界的专家、学者和有关单位代表，我想这样或许还能见到老师和挚友。果然在审定发言时，看到了多年未见的黄震中教授。会议结束后，我们去黄鹤楼参观。进楼时，黄老师把我叫到身边，悄悄地对我说："现在我腿脚有点病，为防万一，你要跟着我……"我一直扶着他上楼、下楼。到悬挂有"楚天极目"大匾的最高一层，我们倚栏远眺，长江大桥、汉江大桥、武汉三镇尽收眼底，此时他说："欲穷千里目，更上一层楼。太精辟了。"他的话勾起了我的回忆。

1958年，黄老师随中国人民解放军军事代表团赴苏联参观考察，圆满完成任务后，刚回国就立即与苏联专家研讨教学计划和课程设置，并着手筹建实验室，就在这百忙之中，他找我谈话约一个小时。

"三刚，你要退学！为什么？"黄老师以亲切的口吻问我，手里拿着我申请退学的报告。

"是的，我父亲刚去世不久，母亲当保姆，妹妹才11岁，可我妈得了伤寒，信上说重得很，所以我就想退学……"这时我已泣不成声。

黄老师说："你回家，你妈的病就能好了吗？现在的关键是要把你妈的病治好。你家庭是很困难，救济你20元，先把钱寄回去给你母亲治病……"他接着说："你已经读了3年大学，学的专业是国家最急需的，现在苏联专家正在给你们讲课，这些机会都是很难得的，要相信党。"

在他的鼓励和帮助下，我坚持读完了大学，走上了为我国鱼雷事业奋斗终生的道路，这与他的教导和帮助是分不开的。

黄老师教学严谨，但他重视的是育人，他那种坚毅、质朴，为人诚恳，对工作认真负责的精神，时时激励着我们这些学生。

会议结束后，我们这些参会的学生依依不舍地和他合影留念。我一直珍藏着这张照片。

在黄老师的百年诞辰之际，千言万语都难写尽我对他的怀念和敬仰，只好引用司马迁对孔子的赞语："高山仰止，景行行止，虽不能至，然心向往之。"

作者简介：王三刚，1935年11月6日生，甘肃省陇南市武都区人，中共党员，高级工程师，1956年高中毕业后被保送到西北工学院，成为三系35专业的一名学生。1961年毕业于西北工业大学，被分配到沈阳724厂。1963年转调到侯马中船874厂，先后在技术科、检验科从事检验、质量管理、海试等工作。1995年底退休。

纪念黄震中教授

◎ 刘训谦

1956年9月,我们210名高中毕业生经过政审合格、高考成绩达标,踏入西北工学院,成为中国第一批水中兵器专业(鱼雷设计与制造、水雷设计与制造,1—2年后又逐渐分出水声、制导、控制、动力等专业)的学生,我是鱼雷设计与制造专业的。首次见到建立该专业的系主任黄震中教授和党总支书记奥季陆时,我们什么也不了解,只是感到神秘、兴奋。

随着我们上基础课、专业基础课、专业课,逐渐对所学专业有了更广泛、更深入的了解。基础课的高等数学是王焕初教授教的,大学物理是丁思纯教授教的,普通化学是李仙舟教授教的,他们都是校内当时最好的教授,我们受益匪浅。

当时只知我们是第一批学生,并不知道这首创会有多少工作量和难处,在我们经过多年的学习及工作后,回过头看,才更深入了解了黄震中教授等创建这一新领域的成就。当时这个专业的建立得到了苏联列宁格勒造船学院相应专业的帮助,他们来了三位专家(水雷设计及工艺专业是札阿洛夫教授,鱼雷设计及工艺专业是索洛维耶夫教授,水声工程专业是高洛霍夫教授),并带来部分俄文专业教材。黄教授他们要了解这些专业的情况,有关教学内容、涉及面、培养目标、培养计划等,每门课都要有教学大纲、教学设施、课程教师,俄文要翻译,教材要新编……我们学习了五年,回忆我们学过的课程,梳理线条与我们鱼雷设计及工艺专业是很符合的。我记得基础课程除了数、理、化、外、政、体之外,还有画法几何、机械制图、金属工艺学。技术基础课是两条线:一条是机械类的,有机械原理、机械零件、理论力学、材料力学、金属切削原理与刀具、金属切削机床、材料及热处理等课程；另一条是鱼雷专业基础，有热工（工程热力学）、空气动力学、流体力学、自动调节原理、炸药与火药、物理场等课程。专业课有鱼雷构造、鱼雷流体动力学、鱼雷总体设计、鱼雷动力装置、鱼雷控制（包括航向和航深控制）等课程。黄震中教授除系里工作外，还承担了鱼雷总体设计课程的教学，仔细想想，在这么短的时间中承担这么多工作，还要接受并讲授这些全新内容，没有高度的事业心和责任心是办不到的。

除了这些课程之外，所有的其他环节也很好。记得在大学一年级时，我有幸听了中国科学院数学研究所所长华罗庚教授在当时咸阳西工教学1号楼平台上给新生的一席话，他说："读书要精，要仔细思考，要把书读薄了，一本书读成一页书，不能说读了一本书还是一本书，那就读坏了。"这对我启发很大。新专业安排了较多实践环节，有金工实习、生产实习、海上实习等。这些实践环节对我很有帮助。我印象最深的是毕业设计答辩，由于我们是新专业，又是第一批学生，各方面都很重视，当时答辩会有不少老师，系领导有黄震中教授、奥季陆书记，还有学校管教学的刘咸一副校长，答辩很隆重，也很成功。我记得答辩完离开时奥书记对我说："训谦，你是一块教书的好料。"

黄教授和奥书记不但认真、完整地带我们完成全部教学环节，而且非常关心、爱护我们。我记得那时在困难时期，在现在的西工大出版社那个老三系楼上，周末我们一些同学在教室看书和做作业，他们到教室查访，了解了我们干什么后说，你们别干了，出去活动活动，现在困难时期不能这么累。周末休息时间，老师专门看望我们、关心爱护我们，令我们非常感动。

黄教授他们创办这新专业，不但了解与制订计划，而且在落实上很仔细，能抓住关键，根据需要和形势的发展不断形成和完善专业，五年之后又办起了水声、制导、控制、动力等专业。每办起新专业，他们都要仔细安排主要的专业课程和主讲教师（包括教材）来保证新专业的成功。我参与了他们两位对动力专业教学计划的安排与讨论，深刻体会到他们善于抓主要问题的能力，也更深地体会到他们的敬业精神。

在他们的带领与教导下，我们第一届毕业生顺利完成学业，成为全国这个领域各个单位或部门的骨干或领头人，还有两位同学成为中国工程院院士，大家共同努力，为我国水中兵器从成立到成长做了大量工作。黄教授他们培养的一批又一批的学生，成为中国水中兵器领域的有生力量，创造了更多更新的成果。

回想这些，可以告慰黄教授、奥书记等创立者们，他们创立的领域后继有人，前途更加光芒！

作者简介：刘训谦，西北工业大学教授，1939年10月出生。科研获省部级科学技术进步一等奖一次（2009年），二等奖三次（1992年、2001年、2003年），编著出版《鱼雷推进剂及供应系统》教材（1990年）。

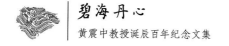

润育桃李卫中华

◎ 张宏智

初相聚　咸阳塬下

师生情亲　和乐融融

正勃勃英姿年华

牵手跨进神奇殿堂

肃然立志　搏击浩渺水下

汉唐古都

筑消声水池　建激流水洞

师生汗水一处洒

谆谆授艺　孜孜研习

承德艺双馨熏陶

满满壮志跨战马

谨守平阳剑庐　呕心沥血克坚

涉水南海北洋　砥砺青锋升华

终成就水下长剑

直刺渺渺天涯

填空白　辟新途　扬国威

万里海疆镇恶煞

恩师九泉应含笑

润育桃李卫中华

作者简介： 张宏智，男，高级工程师，中共党员。1937年生，1961年毕业于西北工业大学35专业。先后在724厂、874厂、874分厂工作，历任技术员、副科长、副总工程师等职务。1984年到大连760所扩建水中兵器海上试验场，任扩建领导小组副组长。1987年调入山东大学威海校区从事教学、科研工作，任电子所结构设计室主任等职。1997年退休后，继续服务科研、教学多年。参与研发的项目曾获山东大学优秀科技成果一等奖、山东省教委科研成果三等奖、国家教委科技进步二等奖等。2011年获山东大学优秀共产党员荣誉称号。

附件1：后记

中国水中兵器快速发展，黄震中教授和他的创业团队功不可没

2020年春节期间，老同学童子华发微信告诉我有纪念黄震中老师诞辰百年的征文活动，并鼓励我写稿。当时我和家人正在西双版纳。一时间，黄老师和他亲手组建的创业团队中各位老师的容貌呈现眼前。回到威海后，因防疫、抗疫不能外出，正好可以静心翻影集、查日记、整理思绪，将诸多回忆和感激之情凝聚在几行诗里，以表达心声。

我们是黄震中老师和他的创业团队的第一届学生，第二年所学专业没有招生，所以和老师们相处较多，特别亲近。在咸阳西北工学院，他们把我们领进了神奇的水中兵器殿堂，从此，我们立志拼搏于水中兵器事业，并为此感到无上光荣。他们安排了清一色的著名老教授为我们讲授基础课，引起全校同学的羡慕。我们不仅学到了扎实的基础科学知识，还受到了老教授们学风、作风、思维方式的熏陶。

高考前夕，有同学把我叫到教导主任办公室开了个神秘的会议。教导主任说，经过有关方面审查，筛选出你们这十个人，给你们报考西北工学院"特种专业"的资格。具体什么专业，我也不知道，反正将来是为国防事业献身的。后来，我们中学有八个人考上了"特种专业"。到了学校后，才掀开了这神秘专业的面纱，我们十分珍惜，决心努力学习。

之后，西北工学院与西安航空学院合并，改名西北工业大学。我们背着铺盖卷，徒步走到西安，开始师生共建教学科研设施。建消声水池，我们和老师们亲手用玻璃丝缠绕消声椎体，并亲自安装。那又细又脆的玻璃丝刺入手臂，老师和同学们都痛痒难忍。不能挠，越挠，玻璃丝钻得越深，要多天之后才会慢慢恢复正常。建小型水洞，也是老师和同学们亲自动手，整流栅等零件是我亲手在系实验室的车床上加工的。那时，令我特别感动的是老师对我的信任，把加工任务交给了我。我也精心操作，创造条件完成任务，没让老师们失望。

我之所以有点车工技术，还得感谢黄老师和他的治学班子。1958年高校教改，提倡教育和生产劳动相结合，是他们送我到军工厂劳动锻炼。我不但学会了车工技术，也认识了工人师傅们，他们不仅有娴熟的技艺，也有聪明、智慧的头脑。他们少有条条框框束缚，常能从实践中发现问题并找到解决问题的方法。后来到工厂工作，较强的动手能力和对工人师傅的尊重，使我一直和工人师傅保持着融洽的关系。工人师傅成了我在技术领域发现问题和解决问题灵感的重要来源。

后来我们知道，我们的老师，包括黄教授，几乎是和我们这班学子同时进入水中兵器行当的。他们凭着各自原有的、不同的、深厚的专业功底，把目标对准水中兵器，从无到有，成功编写了成套的专业教材，创建了专业实验设施，手把手教出了我们这第一届学生。除了教给我们理论知识外，他们刻苦钻研、敢于创造、勤于动手、肯于奉献的精神，也深深地感染了我们。他们的讲稿，往往由我们刻钢板油印成书。他们的论文译文手稿，也常交由我们誊写。我们是他们论文译文的第一读者。

毕业后，我和一部分同学，先是分配到沈阳，后又到侯马平阳机械厂集中精力试制我国第一条鱼雷。我们三十多名首届鱼雷设计及工艺专业毕业生遍布各部门，成为技术骨干。经过几年的艰苦攻关，终于在1966年成功造出我国第一批热动力鱼雷，填补了我国水中兵器的空白，使我国成为世界上不到十个能制造鱼雷的国家之一。

在试制和随后的生产实践中，我们发现并改进了苏联同类鱼雷设计和工艺中的很多缺陷和错误。苏联断供原先答应的专用机床，我们配合相关机床厂研制自己的专用机床，性能胜过它们。1968年我带队到南海舰队试射鱼雷，更改了苏联资料规定的横舵设定参数，保证了鱼雷航行深度的准确和稳定。1970年到北海舰队主持鱼雷试射，发现快艇发射鱼雷在水面连续打漂不入水问题。翻阅大量资料，偶然发现苏联的一篇鱼雷不入水问题的短文，判定这是设计问题。我们用加大鱼雷横鳍的方案使问题得以解决。到1971年该型鱼雷最终定型时，我们同类产品的性能已明显超越苏联。之后，我们又生产了不同型号、性能更先进的鱼雷产品，为我国的国防事业做出了重要贡献。

这些成绩，都应该归功于黄教授和他的创业团队。他们不但在学校教给了我们扎实的理论知识和优良作风，而且在后来的攻关创新中，也给了我们很多技术指导和理论引领。中国水中兵器的快速发展，他们功不可没。

2020年2月22日于威海

附件2：木刻——贺年片

1960年元旦我们班长解谦孚领着我们六人，代表全班同学，向党委书记刘海滨、校长寿松涛、副校长王维琪送了我们自己制作的贺年片，向党表决心。

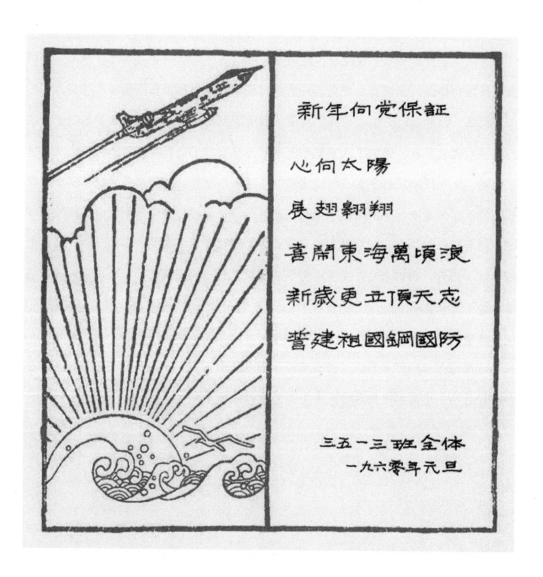

附件3：诗——《夜战》

工装设计进入决战阶段，我们几乎天天加班到深夜。党委书记、厂长到设计室赶我们回宿舍，我们从北楼梯下来，又从南楼梯上去。他们出了厂门才发现设计室的灯还亮着，于是再次回来赶我们。后来再来催我们休息时，就要求我们陪他们一起走，真没办法。

    画画画
    明灯高挂
    铅笔飞行刷刷刷
    千条素丝
    万缕青线
    雪白绢上绣锦画
    绣出蛟龙闹碧海
    绣出鲤鱼戏浪花
    绣成锦画心头喜
    越绣越觉精神大
    画画画
    画画画

1964年4月29日于侯马874厂

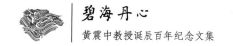

跟随黄主任的难忘岁月

◎ 相敬林

1956年8月24日我来到西北工学院，成为西北工学院第三机械系第一届的学生，学制5年。当时校址在咸阳，小城古老而宁静，汽车很少，没有大城市的喧闹。西北工学院的校园环境也很好，朴素又有书院气氛，令人难忘。8月底的一天晚上，系主任黄震中教授给全系一年级新生作报告，介绍专业内容和对国防的重要意义。黄教授平易近人，具有学者风范。全系两个专业共7个班的同学，坐满了阶梯大教室，饶有兴趣地听了黄主任的报告，有人还提了问题（关于学制），黄主任做了解答。6号专业3个班，7号专业4个班，我被分在6103班。那个年代保密是很严格的，黄主任介绍之后我们才知道自己是学什么专业的。我们6103班是全系、也是全校条件最好的班，数学课和数学习题课的老师为王焕初教授，化学课的老师为李仙舟教授，物理课的老师为丁思纯教授，理论力学课的老师为资深讲师朱培昭，真是名师如云。十分高兴黄主任为我们所做的教学安排。黄主任介绍完专业之后就回到哈尔滨军事工程学院，忙于新专业的调研工作了。当时三系的专业教师都在那里进修新专业，那里有苏联专家为大家讲课，而我们请的苏联专家还没有到。水雷专业在哈军工进修的教师有葛世堈、王祖荫、王大森及翻译李宝善和罗旭杰等。1956年三系正式成立，9月1日三系学生正式开课。

西北工学院第三系是水中兵器系，在全国属于空白，是从无到有起步的。这担子压在黄主任的肩上，所面临的困难可想而知。入学后有新生想参观实验室，但未获准。事实上，当时除去机密的水中兵器陈列室外，三系没有建设好的专业实验室可供参观。但是到1959年前后，水雷方面就先后承担了33号非触发锚雷和24号非触发沉底雷的研制任务。当时这些项目都是与外单位合作研究的。除了教师参加研究工作外，不少同学在老师的指导下也参加了33号的科研工作，不仅得到了很好的科研锻炼，也为我们以后承担国家科研任务打下了基础。合作单位884厂工程师阎可奋指导我做了一个大耐压实验，验证和确定薄壳失去稳定或破裂的临界压力值。我还负责绘制全雷配置总装图。1960年初，我又参加了24号的研究工作。我的指导教师葛世埛先生长期从事次声频声传感器的研究，我在他的指导下工作。这些科研工作确定了我有志于声引信研究的初衷。后来33号和24号均定型为海军武器装备。33号在884厂定型，24号在后来成立的710所定型。刘元亨先生跟随33号研制在884厂工作了很长时间，葛世埛先生跟随24号研制在710所做了大量的野外次声测量研究。那时我们这些三年级本科生就跟随老师上了科研战线，但是科研能力得到了很好的锻炼。虽然设备条件差，计算多用计算尺和少量的机械式手摇计算机，一些设备都是借来的，三系领导这一工作的是系主任黄震中教授，我们室是刘元亨主任。当时五零研究室（710所前身）设在三系，是西工与一机部合作建立的，1960年发展为五零研究所，黄主任兼任所长。我记得710所研究24号声引信问题的有严检能，他后来成为710的所长。

1957年9月西北工学院与西安航空学院合并，成立西北工业大学。1958年初，三系的学生徒步迁来西安。合并后，三系6专业改名为31专业，7专业改名为35专业。黄主任为了尽快建立起专业的教师队伍，1960年从高年级学生中选拔了一批人作为预备教师。6月我被选为预备教师提前抽调到301教研室，边工作边完成学业。我的任务是设计一套模拟舰船微压信号的物理实验设备，提交图纸，交工厂加工，同时作为我的毕业设计参加答辩。图纸在车间技术员的帮助下进行了多次修改，最终通过了工厂审图。我于1961年7月毕业，是三系的第一届毕业生。

1960年7月黄主任找我谈话，任命我为301教研室行政秘书。我有些顾虑，不敢接受，因为当时我还没有毕业，既要学习又要工作，压力太大。黄主任耐心地对我说："这是工作需要，也是对你的培养。你要学会同时做几件事情，只要计划好，熟能生巧。"在黄主任的支持和指导下，我接受了。这份工作我一直做到考取研究生，对我来说是一次很好的锻炼。

学校、系领导和老师与31专业首届毕业班学生合影

第二排的领导和老师,从左至右依次为:刘裕秀,张昭樑,曲宝纯,刘元亨(室主任),奥季陆(总支书记),寿松涛(校长),刘海滨(书记),刘刚(副校长),黄震中(系主任),上官信,蔡芳翔,王大森,黄耀宗,李文堂

1961年11月,经系、室推荐,我考入西北工业大学1961届研究生班(全校共61人)。当时三系能招收研究生的教师只有黄主任,他作为我的导师,由葛世埛老师协助指导我研究主被动声引信课题。后来我才知道,校系都很重视研究生教育是为培养教师。1961年,学校任命胡沛泉教授担任研究生班的班主任,他不但要指导研究生班的工作,而且每学期还要做几次关于学习和研究方法的报告。王培生教授、周尧和副教授和陈士橹副教授也经常作专题辅导。我至今还记得周尧和老师的报告"怎样处理实验数据",陈士橹老师的报告"要读一两本基本的书""怎样选择本学科基本的书""怎样查阅文献"。寿校长更是经常讲话,并且非常亲切。学校、三系和老一代科学家培养后人的苦心,使我们感动,也促使我们奋进。三年困难时期,学校规定晚上不许加班,但很多教师还是晚上去办公室工作(宿舍学习条件不

好)。我那时正在翻译文献资料,天天都去。总支书记奥季陆同志晚上就去检查,赶大家走。我们发现他来时就躲进厕所或阳台。这些往事依然历历在目。生活艰苦,工作认真,作风朴实是当时三系面貌的写照。

1970年三系归属六机部,六机部决定三系与哈军工三系联合组建船舶工程学院。该学院选址在武汉,但长达数年不能定点,我们专业也无法招生。1969年底,301教研室与884厂合作向六机部申报研制一新型水雷。当时全室同志都积极参加了准备工作和方案讨论。单位分工为884厂研制水雷总体,西工大研制水雷引信,分别提交论证书,合并后报六机部。综合我室和我系303、305室有关同志讨论的意见,我负责撰写了"水雷主被动声引信总体论证报告"。

大约1969年底,海军副司令员周希汉来到三系,他查看了兵器实验室,系上让我介绍水雷兵器室。司令员查看时,我趁机报告了我们申报的项目。他点点头说:"你们要搞新的。"1970年10月,我们的项目获批,学校派我和工宣队员徐江前往六机部军工局,领取了批准水雷研制的任务书,并带回了科研经费指标。随后,我们到884厂见到马总工程师。他确定该任务为"703",明确西工大三系负责引信总体研究,884厂研究所负责雷体,相互派人参加。海军很重视703的研制,说明我们两单位自下而上的论证报告符合海军需求。这是三系301教研室作为研制主体单位之一主持大型研究项目的开始。301教研室党支部书记李润清主持成立了引信研究工作的论证组,组长是行政负责人贾定珊,我为引信线路总体负责人,并任控制电路组长,卫乃良为主动声引信发射机组长(抚仙湖试验前改由王大森主要负责),王秀杰为主动声引信接收机组长,刘元亨为被动超声引信组长。黄耀宗那时在重庆参加另一型水雷的研究,不在校。这个论证组主持了引信原理样机的设计与研制。703的研制任务主要有三:主动声引信、被动声引信和原理与总体参数海上试验验证。主动声引信在我国水雷兵器中是首次研制,实现难度远大于常规水雷。1971年底,703课题组完成了功耗、体积及复杂度受到苛刻限制的主被动声引信原理样机,然后于1972年5月在云南抚仙湖利用海军南海二分队舰艇及假目标组织了引信样机深水试验。试验验证了主动声引信的原理与总体性能参数。因为南海二分队无潜艇做目标,所以没有验证被动超声引信的反潜性能。1973年初,论证组决定由我主持研究反潜值更声引信的方案。1970年底,703声引信方案在全国调研时,我得到了与潜艇噪声相关的两个信息："音纹"（日文电子学期刊）；"spectrum receiver"（英文电子学期刊），加上苏联高洛霍夫专家提到的"运动机械的单调声"，这些信息使我认识到水雷声引信对付潜艇需要利用线谱信号检测技术，但是在20世纪70年代初期，对水雷兵器来说这是很困难的。因此，当初论证组决定先拿下主动声引信，反潜功能先探讨方案。我在研究主动声引信的时候分析了水雷声引信应用谱分析技术的可行性，结论是否定的。那个年代，水雷引信领域很少有人涉猎信号谱分析技术，甚至有人质疑"什么是线谱？线谱是什么样子？"我试图演示，但找不到分析设备，只在建筑设计院见到过，不但精度不够（三分之一倍频程），而且不让用。我下决心从模拟技术入手，先满足低功耗反潜值更引信的需要，然后根据国内电子技术的发展，再提高。

研究模拟原理的线谱声引信困难很多，有时不得不打破常规，满足水雷引信特殊要求。1973年我设计制成了5Hz带宽的中频滤波器，利用扫频仪原理完成了频率扫描原理的线谱接收机，功耗指标也符合电池长期工作的供电要求。课题组随后进行了流干扰实验、海上搜潜实验，然后根据发现的问题修改设计，制成样机。课题组为了抗海中伪线谱干扰，又试验成功了能记录多个线谱、删除伪线谱的方案。但此点还未制成样机，完成技术报告，884厂就宣布退出了703研制。

1978年1月在太原迎泽宾馆召开的论证会，确定了703战技指标（指战术和技术指标）及原理方案。但在会议结束时，884厂宣布厂方负责的703雷体项目下马（事先并未知会西工大方），理由是研制时间太长，厂方没有效益。于是703项目研制突然中止。此后虽然失去应用对象，六机部仍继续支持了703引信专项技术的研制。703项目是三系水雷专业第一次进行大规模的型号科研，虽然因雷体下马没有完成装备研制，但对专业建设有重大意义，积累了研究先进水雷引信的经验和数据，锻炼了队伍。703水雷研制成果为以后三系主持性能相似的水雷引信研制打下了坚实的基础，其线谱声引信方案还被用于另一水雷装备。

由于线谱检测与线谱声引信课题已列入"五五"规划，立项为国防重点预研项目。1982年我和科研组在舟山海域进行了8个航次的潜艇通过试验，后又根据国内信号处理芯片技术进步的支持，最终完成了以FFT算法为基础的水雷线谱声引信数字处理方案，并解决了功耗问题。经过潜艇噪声通过实验后，进行了部级技术鉴定。

线谱是声学、特别是水声学受到广泛研究的课题，但在国内水雷兵器声引信领域的研究应用却始于西工大三系，并最早研制成功了数字技术的线谱声引信样机。

我不会忘记我的导师黄震中教授和指导教师葛先生对我的培养。黄教授推荐我（关于线谱研究的论文）作为中国造船学会的代表之一，出席"国际反潜战学术讨论会"。黄教授还审阅了我的论文，嘱咐我注意保密。后来，我删除了论文的技术细节。我国驻英大使馆很重视这次会议，海军武官晋景民全程参与了代表团会外的参访交流活动。回国前我们向大使馆汇报了工作，回国后向六机部、海军及造船学会就国外声呐、鱼雷、反潜活动及水雷状况提交了出访报告。外国人不太愿意介绍水雷，但我注意到瑞典的"自航水雷"和"潜艇增大载雷技术"的简介，以短文的形式提交了建议。

301教研室在一年内进行了线谱声引信、水压引信、引信微机控制等三项部级技术鉴定，在国内相关领域产生了很好的影响。三系水雷专业引信技术学科的研究进入了非常活跃的时期，形成了有特色、有明确应用牵引的学科方向，处于水雷兵器引信技术的前沿地位。

1985年制订"七五"预研计划前夕，我应邀在海军论证中心水扫雷室介绍了线谱技术及其应用，包括识别技术、时频域密码及声遥控技术等。后来我得知，我们提出的项目列入了"七五"项目指南草案。其中，线谱声引信与水雷声遥控技术在同行中竞争激烈。1986年4月在北京召开的有关"七五"计划任务发布会上，事实上形成了由我系对这两项目进行答辩的情形。"线谱声引信与识别技术"由我介绍我系的条件并答辩；"水雷声遥控技术"由我和肖国有介绍我系条件和答辩。最后，领导机关把两项水雷先进技术的研制任务落实到了西工大三系。在我多年从事国防预研申报的经历中，从来没有遇到过像这两项项目申报竞争如此激烈的情形。这也反映了这两项技术的重要性及国内对该项技术的重视。

1979年恢复招生时，301教研室百废待兴。当时苏联专家1957年编写的电子管器件时代的讲义及翻译或改编的讲义均已显得老旧，半导体器件及集成电路时代的专业资料又很少，实验设备不能适应预期的教学需要。我最难忘的是，声引信的教材需要改为半导体和集成电路器件，不少电路要重新设计，要补充新原理，编写时间又很短。当时我负责声引信组的教学准备工作。要组建声引信教学组，建设声引信教学实验室，编写适应当时科技发展情况的本科生教材《声引信设计原理》，还有科研任务。很明显，重新招生起步阶段的工作是十分繁重且困难的，三系在黄主任的领导下，想方设法克服了多方面的困难，保证了重新招生后的顺利发展。301教研室这个时期的工作完成得很好，"三场"引信设计原理的教材——《水压引信设计原理》（刘元亨编）、《磁引信设计原理》（葛世埛编）、《声引信设计原理》（相敬林编）均按时完成。后来出版了《近感检测原理》一书。我们的多项重点课题项目在教学准备和教学工作中发挥了重要作用。科研为教材提供了新鲜的内容，为建设实验室提供了经费和设备。依靠自力更生，301教研室从困难中走了出来。作为三系第一届学生，在黄主任和他带领的老教师们的指导下，我们走上了教学、科研相结合的道路，学习、工作、成长，直到退休。

往事如烟，历历在目。回忆建系的黄主任和他带领的老教师们，我难忘跟随他们的岁月！

作者简介：相敬林，男，1936年5月生，山东青岛人，中共党员，西北工业大学教授，博士生导师，享受国务院政府特殊津贴。1961年和1964年西北工业大学本科和研究生毕业。曾任西工大三系301教研室正、副主任。新编讲义等3部，出版教材1本。曾获陕西省优秀博士论文导师奖。获部级科技进步二等奖5项，三等奖3项。1990年被评为西工大先进科技工作者。

忆往事顽强拼搏，望未来奋发图强

◎ 祖富宽

64年前，我由贫寒的家乡来到位于陕西咸阳的西北工学院，有幸在老系主任黄教授的培养和带领下，在老三系的教学和科研岗位上奋斗了一生。回忆往事，历历在目，不平凡的日日夜夜，艰苦创业的点点滴滴，我至今还记忆犹新，始终有一种奋发图强、勇往直前、顽强拼搏、无私奉献的航海精神在激励着我们。大家在教学和科研中做出了显著的成绩，为国家和人民做出了突出的贡献。在纪念黄震中教授诞辰百年的日子里，我回忆起了在三系走过的历程。

1956年暑期，我接到高校录取通知书，录取通知书上写着"学校名称：西北工学院，地址：陕西咸阳，学制五年。9月1日前报到入学，延后则取消入学资格。"我看着通知书，不是兴高采烈，而是满腹愁肠。因为从小家境贫寒，又住在偏僻的山区，到这么远的地方上学，要筹钱买车票。我好不容易凑够七元一角的火车费时已经9月8号了。我带着被取消学籍的心情坐上了火车。我到西北工学院时已经是晚上了，在西大门刚好碰到学校职工，这位老师也是河南老乡，他非常热情地把我领进西北工学院的校园。

第二天见到班上同学后，我才知道西北工学院成立了三个国防系，我们属于第三系，班号为6101，专业为水雷设计及工艺。班长潘拴柱告诉我，我们的系主任是黄教授，黄教授是从美国留学回来的。班长告诉我时那种洋洋得意的样子，我到现在还记得很清楚。我听了以后非常高兴，好像失散的小孩找到了父母，无家的人找到了归宿。我想如果学校取消我的入学资格，我就去找黄教授，他一定会帮助我。

书籍费、讲义费暂由系上出。助学金解决了我吃饭问题，眼镜、衣服、雨伞和被褥都可申请补助。国家为我们解决了所有的生活困难。我下定决心要努力学习，报效国家。当然我也非常渴望早日见到三系的系主任黄教授。

1957年上半年听到好消息，说黄教授要来作报告，大家欣喜若狂。黄教授来了，大家起立拍手欢迎，只见黄教授高高的个子，白白的脸庞，戴一副金丝边眼镜，文质彬彬，走路不快不慢。他向我们介绍了水中兵器在国家国防建设中的重要地位、我们将要面对的学习内容、国家对我们的希望，以及我们毕业后可能的去向和将要挑起的重担。听了报告，我们心里踏实了，学习更有劲头了。

后来在三系的学习和工作中遇到了许多困难。新开创的两个专业（水雷设计及工艺和鱼雷设计及工艺）没有资料，没有教材，没有水中兵器实物样品，没有专业人才，可以说新成立的三系是一穷二白。如何使三系发展壮大，这个重担就压在了三系系主任黄教授的肩上。作为黄教授领导下的成员，我不能有任何的依赖思想，要跟随着黄教授的脚步，开创新思路，迎难而上。前进的道路总是曲曲折折，要经历许多风风雨雨。雄关漫道真如铁，而今迈步从头越。

1958年初，部分教师和全体同学背行李从咸阳走到西安，来到西北工学院和西安航空学院合并成立的西北工业大学。1958年，黄教授根据我国水中兵器专业建设的需要，向上级打报告并得到批准，增设了"鱼雷自导与非接触引信"专业。当即抽调部分学生组成新班级，学习电子基础知识。我就是其中的一员。1959年暑期后，苏联专家高洛霍夫到校，全班同学和有关人员跟随听课。这是学习专业知识的宝贵机会。专家有50多岁，据说在卫国战争中受过伤。专家在教学中楼二层教室上课，有翻译，但没有答疑。有时学生会提出一些问题，由于涉及保密问题，他不回答。

1960年，我被选拔为预备教师，进入教研室工作，每月工资15元。提前一年参加工作，我成为系主任黄教授领导下的一个"兵"，开始为建设水中兵器系而奋斗。

作为人民教师，黄教授是我们的榜样，他教导我们，要努力学习，为人师表，要艰苦奋斗，发愤图强，不仅要有扎实的基础理论知识，还要理论联系实际。我当教师后，指导学生完成毕业设计，就是一次很好的理论联系实际的实践。

除了专业课，还有一门课程，那就是毕业设计。我还记得我的毕业设计题目要求是设计电磁非触发引信，作用距离5米，雷速30节，要可靠性高，抗干扰能力强……因为是第一届学生，老师少，我的题目没有具体的指导老师，也没有参考资料，只有电动鱼雷的产品说明书，我只能学习说明书中的相关内容。第二年，我当了老师，带了3个学生，学生还做相同题目的毕业设计。虽然没有什么资料，但因为当年我做过这个题目的毕业设计，他们看不懂的地方可以问我，如果我不懂，就与他们一起研究。最后他们进行了论文答辩，取得良好成绩。

随着时间的推移，电子管逐渐淘汰，晶体三极管问世，这就增加了设计内容。有的同学提出新的电路设计方案，内容逐步丰富，论文水平逐渐提高，但没有资金，缺乏实验场地，都只能纸上谈兵。后来黄主任主张毕业设计力争真刀真枪，可下专业工厂和工人合作做项目。于是1965年，我带了10名学生到872厂做毕业设计，还是这个设计题目，同学在工厂能见到实际产品，而且可以拿烙铁，实验一些新的设计方案。同学们的焊接、测试、设计水平大大提高，最后由工人师傅给定成绩。大家吃住在工厂里，虽然很辛苦，但使得理论和实际紧密结合，教学质量得到了很大提高。

教材准备是教学中的重要环节，黄教授十分重视该项工作。建系初期，所有的专业课教材都是从零开始，都需要教师努力学习，认真钻研，消化吸收，自主创新。

1962年毕业后我当了老师，接到教学讲课任务，内容是自导鱼雷与非触发引信，这是名副其实的专业课，又是一门新课，共54个学时，给我半年的准备时间。先是要准备教材，唯一的参考资料是一本1950年苏联研制成功的自导电动鱼雷的产品说明书。当时我们没有接触过这方面的知识，只能认真钻研。教材编写时，我发现54个学时的内容不够，便在理论分析的基础上又加入了有关自导和引信的构造部分内容，暂命名为原理构造课。学生非常重视这门专业课，上课时非常认真，没有课本，全靠记笔记学习，从无怨言。最后考试为抽签口试，成绩达到了预想的效果。后来这门课发展成自导和引信两门专业课。

1966年，三系建立刚好10年，10年共有6届学生毕业，他们在不同的工作岗位上做出了突出的贡献。这10年里，黄教授带领我们，艰苦奋斗，冲破难关，发奋图强，埋头苦干，在全体教职工的努力下，将一个集教学、科研、实验室于一体的三系展现在人们面前。

黄教授十分重视科研工作，在招生、教学工作十分繁重的情况下，黄教授仍然带领三系教师积极投入到科研工作中。1956年三系成立，1958年就成立了我国第一个水中兵器研究室，后发展为研究所，黄教授担任室主任和所长。他争取到一批国家水中兵器型号论证和关键技术攻关任务，当时的教师积极参与，我们这一批选拔留校的教师成为科研的主力。通过参加这些科研工作，我们提高了教学的水平，增强了科研的能力，为我们后期承担国家水中兵器重点研制任务打下了重要基础。

我承担过多项科研任务，其中最重要的就是924鱼雷的研制。1967年，我接受科研任务，这是中央军委直接批准的项目。科研内容是主被动联合自导鱼雷的研制与探讨。被动自导，有一定基础；主动自导，一切要从零开始。

既然是主动自导那就离不开脉冲发射机和接收机。脉冲发射机的功率越大，回波信号就越强，自导的作用距离就越大，这是一个关键指标。当时我和六系的毛自恭老师合作研制。三极管小信号脉冲振荡电路很容易设计。关键在于大功率部分，当时没有大功率的三极管，只有3AD15小功率管。无奈，我们用并联推动，但是瓦数始终上不去。后来大功率三极管3AD18问世，功率是30瓦，我们非常高兴（当时一个三极管是180元，我们的工资是每月58元）。散热器加工好后就进行实验，但一实验就烧管子，功率推不上去。我们分析各种原因，改变各种实验方法，都没有奏效，眼看着烧坏的管子，我感到无比沉痛。当时一辆飞鸽牌的自行车是180元，普通群众要买上一辆，需要省吃俭用一年半到两年的时间才能凑够这笔钱。我们做实验有时一晚上就烧坏两个，当管子被击穿的一瞬间，我会感到腿发软，甚至想流眼泪，回到宿舍，久久不能入眠。

面对困难，我们不能后退，跌倒了还得爬起来，身上的担子很重，压力很大。我们排除各种干扰，全力以赴搞科研，刻苦钻研，攻克难关。好不容易在理论设计的基础上做出了实验样机。

要准备海上做试验了，我们一切都心中无数。我带着这个"老爷发射机"和一些可能烧坏的三极管3AD18前往青岛，测试目标对声波的反射情况。在码头里边，我们对准舰首、舰尾、活动舰等测试反射信号，记录数据，积累资料。码头试验完了，要出海进行测试，大家非常高兴。可我的发射机管子又烧坏了，怎么办？我只好晚上加班去修理发射机。舰艇战士听说我加班，给我送了几个苹果。我加班到深夜，终于修好了发射机。第二天海上试验，发射机工作正常，大家十分高兴。

三极管3AD18是一个低频大功率三极管，自导信号用的是高频，因此它不能全面完成自导发射机的任务，但是在后来近三年的实验中，它做出了很多贡献。我们积累了很多实验资料，采集了各种各样的回波信号，为主动自导鱼雷的研制打下了坚实的基础。

20世纪70年代，924科研团队全部到东风仪表厂（872厂）工作。少数单身职工就直接住在工厂，其他人员则早出晚归，中午在厂里吃饭，躺在凳子上休息，或趴在桌子上睡一会儿觉。工厂考勤非常严格，上午八点前必须赶到，下午六点下班。有自行车的职工还算方便，没有自行车或者不会骑自行车的职工，就只能步行上班。从西工大南门出去，一直往南走，穿过农民的庄稼地，到西电东边，再穿过庄稼地，走到工厂。冬天下雪路滑，骑自行车摔跤是常事。笑一笑，起来，再骑。没有奖金，没有生活补贴。每天跑那么远上班，大家依然勤劳肯干，任劳任怨。在三年的时间内，我没有听过一句怨言，这是什么原因？我想：这就是航海精神。

1972年我们要到青海湖做试验。为了买卧铺票，头天晚上就要先去火车站排队，等第二天早上八点开始买票，保证科研团队人员按时出发。

青海湖是个咸水湖，海拔高，气压低，灶上的饭菜是不熟的，有不少人吃了后拉肚子，甚至有的人卧床不起。在那里工作，生活条件艰苦，我坐了六个多小时汽车，几乎见不到一个村庄。到青海湖做试验，我承担的是鱼雷操作执行部分的一些电路设计与制作任务，我全力以赴，做得都比较成功。近两个月的高原生活，虽然实验环境非常艰苦，但我们对实验结果还是满意的。大家感到欣慰，这条鱼雷就是后来定型生产并装备部队的单平面被动自导鱼雷。

1977年，924科研项目重新启动，主被动联合自导及非触发引信研制全面上马，教研室组织全体人员分工合作，制订工作计划，准备第二年冬季进行海上试验。我负责非触发引信的研制工作，采用的是主动电磁非触发引信。研制过程中遇到了许多原来没有想到的问题和困难，但我们想方设法、攻坚克难、全力以赴加以解决。

1. 元器件缺乏。有些特殊元件需要采购，就要查资料，找手册，找生产厂家和地址。我亲自出发购买，由于当时和苏联关系紧张，一些国防工厂搬迁山区。我和另外一名同志前往购置，一路上长途跋涉。好不容易找到工厂，但还需要找厂长沟通。晚上我和同事住在招待所里，只有我们两人，周围鸦雀无声，半夜里只能听到猫头鹰的叫声。好在购买到了大功率三极管和一些特殊元器件。虽然路上非常辛苦，但我们心里很高兴，有了元器件科研就有了保证。

2. 平衡室问题。电磁非触发引信要做平衡调整，要求周围10米内没有铁磁物质，工厂内建有专门的平衡室，全为木质结构。但学校没有这样的房间，总不能放在大操场做调试。后来在三系楼下西边找到一间相对僻静的房子，我们清除垃圾，打破隔墙把鱼雷总体放进去。这里电磁干扰少，虽不完全符合条件，但也可以发现引信系统工作中的一些问题，还可以做大功率的匹配实验。黄建国作为引信组的重要成员，我们一起昼夜攻关，突破技术瓶颈，使匹配试验顺利成功，并掌握了电磁平衡中的一些关键技术。

3. 实验要求引信体积小、重量轻、调试方便。因为引信辐射装置、接收装置都采用晶体三极管，体积大大减小，重量大大减轻，调试也方便。

4. 引信系统的两个重要指标：动作可靠性和抗干扰稳定性。这需要高质量的放大装置和精细的全系统配合完成。我们早在1965年就开始设计和制作，做了全面、深入、系统的研究，从系统的各个方面都采取了措施，保证了引信系统工作的可靠性，并有很强的抗干扰性能。

1978年，第一次海上打靶实验比较顺利，我们已经掌握了引信的全面工作情况，对于出现的问题又做了进一步的改进，尽量使系统达到了完美的程度。经过连续几次的海上试验，直到1983年设计定型试验，引信系统都没有出现任何问题。76次鱼雷通过目标舰下方，均能可靠动作，动作可靠性100%，也没有出现任何误动，抗干扰稳定性100%，达到所期望的"双百"。这是对引信系统的最高评价，我们研制出的成果达到国际先进水平。

1983年，包括非触发引信在内的主被动联合自导鱼雷试验成功，正式定型生产。在1985年获国家科技进步一等奖，填补了国家空白，为西工大增添了荣誉。这里特别要强调的是完成该重要项目的技术骨干主要都是黄教授培养的学生，尤其是留校培养的青年教师。非触发引信的最大贡献是彻底解决了引信的误动问题。

据悉，1959年工厂仿制苏联鱼雷引信的误动率最高达70%，虽不断地改进工艺，但一直没能解决该问题。大家怀疑苏联的产品并没成功，我们仿制也不可能达到理想指标，也就不可能批量生产。这不仅影响部队使用，也影响工厂的效益。为解决此问题，有关部门专门成立了攻关小组，在新鱼雷上安装新非触发引信，但几年都没有成功，最后下马。年复一年，引信的误动成了工厂"卡脖子"的焦点。少数鱼雷因为引信误动，验收通不过，影响工厂的生产任务和效益。因此负责引信工作的同志成了全厂人员的聚焦对象，负责的同志压力很大，吃不下饭，睡不着觉，非常悲观。1983年，924非触发引信研制成功从根本上解决了这个问题，交工厂批量生产，负责引信工作的同志再也不会为此担心了。听到工厂的职工们一片赞扬声，我感到这是我一生最大的幸福。

时代在前进，社会在发展，任凭风云变幻，我们艰苦奋斗的精神没有变。回想我们在924鱼雷的研制中，没有资料，没有符合要求的电子元件，遇到好多技术难点，一次次失败，一次次实验。为了科研项目的成功，大家经常加班加点，通宵达旦，没有任何补助，大家从无怨言。因为经常加班，不知哪位好心的女同志捐了点粮票，组长买了几斤挂面，没有油，没有菜，后半夜清水煮挂面，每人喝一碗，充饥又避寒。海上做试验时经常吃不上饭，每次出海，买上两个馒头带在身边……这种艰苦奋斗、团结奋战和无私奉献的精神，保证了我们这个重点科研项目的成功，离开了黄教授培育的这种航海精神，我们是不可能取得这样的成绩的。

改革开放，国家经济蒸蒸日上，人民生活水平逐渐提高。三系的发展更加迅速，科研成果一个接一个，学术论文如雨后春笋，资金充足、设备先进，三系变成举足轻重的航海学院。

想想过去，看看今天，一切变了样。黄教授如果看到，一定非常欣慰！加强国防建设，建立一支强大的人民海军是我们共同的心愿。黄教授是三系的奠基人，我们永远记心间！

作者简介：祖富宽，男，1935年生，河南巩义市苏家庄人。1956年入咸阳西北工学院三系学习31专业，1958年调入33专业。1960年成为预备教师，1961年成为正式教师。先后承担模拟电子线路、数字电子线路、鱼雷非触发引信等七门课程的教学工作。参加过某丙型鱼雷及非触发引信等科研项目，曾获国家科技进步一等奖等多项科研奖。1996年3月退休。

永远难忘的怀念

◎ 谢朝矩

在你诞辰百年之际，
我们想念你，深深怀念你！
你是明亮的星星，却隐蔽在云层里，
你是闪光的金子，却埋藏在泥土里，
你是航海学院的奠基人，
含辛茹苦，呕心沥血，却默默无闻。

你是从美国留学回国的精英，
是党的伟大英明感召了你。
你举起右手，在鲜红党旗下宣誓，
为共产主义奋斗终生，
做一个全心全意为人民服务的人。

你亲临教学第一线，
把样板课作为提高教学质量的龙头。
你身先士卒，率先垂范，
一次给我讲机械零件课，
板书是那样整齐，结构图是那样清晰，
慢条斯理的讲述，生动形象的比喻，

一步一步的分析，令人耳目一新，受益匪浅，
饱了眼福，享受了课堂盛宴。

毕业设计是本科生培养的重要环节，
你说理论要联系实际，毕业设计要真刀真枪，
精心选定课题，进行阶段检查，
抓好答辩评审，严把最后一关。
西工大三系每年给海军，国防厂、所，
输送一批批德才兼备的科技人才，
许多人成为厂、所领导，技术骨干。

科研战线上，
高瞻远瞩，独具匠心，规划长远，
慧眼识英才，不拘一格，培养人才，
发扬自力更生、艰苦奋斗、攻坚克难的创业精神，
提倡团队作战、团结协作、无私奉献的高贵品质。
在你开创的鱼雷设计及工艺专业第一届毕业生中，
有两个工程院院士，一个国家级专家，
他们都成为国防科技战线上的领军人物，
这不能说不是你的功绩。

改革开放后，三系得到快速发展，
新建一座规模宏大的教学科研大楼，
一座大型消声水池实验室，
一座大型水洞实验室，
三系发展成航海学院。
马远良带领的科研团队，
成功研制新型吊放声呐；

徐德民带领的科研团队，

成功研制新型水下航行器，

这两项成果都获得了国家科技进步奖。

这不仅为海军研制出新的武器装备，

还为航海学院培养出一代新的人才。

在航海学院的教学和科研园地，

你培养的幼苗已长成大树，

百花争艳，硕果累累，

成果凝结着你的心血和汗水。

我们崇敬你渊博的学识，高尚的品德，

虚怀若谷，平易近人，为人诚恳，一片冰心，

求真务实，敢讲真言，克己奉公，一尘不染，

甘为人梯，力挺后人，心中无己，只有他人，

你是一支明亮的蜡烛，燃尽自己，照亮众人。

你高举起领路者的火炬，

又把火炬传递给我们，

火炬照亮我们前进的道路。

航海人一代一代接力前行，

实现建成世界一流海军的梦想！

作者简介：谢朝矩，1939年生，1961年西工大水声工程专业毕业，并留校在水声工程教研室任教，从事科研和教学工作。完成四种型号吊放声呐声系统研制。主持完成大型消声水池实验室建设。完成论文十余篇，获多种科技进步奖十余项。编写《水声测量》教材一部。

深切怀念黄震中教授在繁荣我国水中兵器专业学术交流活动中的积极贡献

◎ 孙全寿

1980年我国恢复学会活动以后，中国造船工程学会水中兵器学术委员会也随之诞生，这是国内唯一的水中兵器专业学术交流组织。水中兵器学术委员会（以下简称"学委会"）挂靠在第七研究院（即中国舰船研究院），由七院主管本专业的领导担任主任委员，副主任委员为西北工业大学三系的黄震中教授、705研究所的骆传骊副总工程师和710研究所的领导等。这是1980年至1993年我退休时的情况。在这段时间内，我担任学委会下属的水雷学组、反水雷兵器学组等秘书，在每次学委会举办的学术年会和工作会议中，我也是秘书组的主要成员之一。

1978年在北京召开的水中兵器学委会和会刊编委会会议合影

左起前排：刘钰，刘元亨，骆传骊，郑作玉，王汉义，杨汉（水中兵器学委会主任），黄震中（水中兵器学委会副主任，《水中兵器》编委会主任），叶平贤，王震寰，赵孟，曹锡迁，张雷秀

除了学术交流的会议形式以外，学委会于1982年又开辟了另一个学术交流园地——《水中兵器》。当时会刊分为两个分册：鱼雷和鱼雷发射装置分册，由705研究所负责编辑出版，黄教授任此分册的编委会主任；水雷和反水雷兵器分册，由710研究所负责编辑出版，此分册的具体策划和编辑出版工作由我负责。《水中兵器》从1982年试刊至1986年都是分为两个分册出版的。1987年，根据学委会的决定，两个分册合刊出版，并成立了《水中兵器》编委会，黄震中教授任编委会主任委员，我任《水中兵器》主编，也是编委之一。我同黄震中教授在工作中的接触和交往是比较多的，我对黄教授深怀敬意。

我同黄教授参加过多次会议，如水中兵器学委会的学术年会、工作会议，《水中兵器》的编委会议。黄教授虽然年事已高，但他不辞辛劳，每次会议都认真准备，积极参加，可见他对工作，对水中兵器学术交流活动的高度重视。我在《水中兵器》的编辑、出版工作中更是受到黄教授的热情关怀和认真指导。在学委会和编委会委员中，黄教授是长者，他具有长者风范，对人谦恭、和蔼，对工作热情、认真负责，知识渊博，深受大家敬重。

1991年《水中兵器》编委会工作会后与黄震中主任在武汉黄鹤楼

左起：段飞霞，高启云，刘钰，黄震中，徐纯启，钟定扬，孙全寿

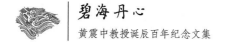

到20世纪90年代初期,水中兵器专业学术活动呈现了繁荣、活跃的新局面,这都是黄教授与学委会老领导共同努力的结果。国内水中兵器专业的科研、教学、生产、使用(部队)单位,都踊跃地参与到学术交流活动中,呈现出百花齐放的新气象,推动了科技成果的交流,助力了水中兵器科研事业的发展。这些学术活动都凝聚着黄教授的心血,体现了黄教授对水中兵器专业学术交流活动的积极奉献精神,我深深地怀念他。

作者简介:孙全寿,1933年4月生,1957年8月毕业于山东大学海洋系,1957年9月到710所105室工作,高级工程师,1993年退休。长期担任中国造船工程学会水中兵器学术委员会及委员会下属的水雷学组、反水雷兵器学组等秘书。任《水中兵器》编辑部主编,参与《水中兵器通讯》的编辑,并出版了反水雷兵器专辑。负责学术交流工作,并承担技术交流的编辑工作,共编辑出版过100余万字的著作。

回忆黄震中教授和我们在一起的岁月

◎ 王志鹏

黄震中教授风度翩翩,学者风度,大家风范,他一生都以饱满的热情投入到工作中,为我们树立了优秀的榜样。

20世纪50年代,受组织委托,黄教授带领一班人创建了西北工学院三系,也就是西北工业大学航海学院的前身,是全国高等学校中唯一的水中兵器系。从无到有,逐渐发展壮大,建立了现在学科门类齐全、教学科研实践相互紧密衔接的科学体系,成为西北工业大学不可或缺的组成部分。

黄教授担任三系系主任,身为领导,本身工作就很繁忙,他还肩负着教学工作,给同学们讲授鱼雷总体设计课。这门课教学内容丰富,讲解生动清晰,深受同学们的欢迎。他的讲授,使同学们产生浓厚的学习兴趣,提高了认知能力,同时也进一步提高了理论水平,学生们受益匪浅。他不但讲授理论课,还亲自带领学生到鱼雷构造室、陈列室及水槽实验室,给同学们讲解联系实际的相关知识,扩大了学生的知识面,为以后参加工作打下了坚实的基础。

1960年前后,经国家国防科工委批准,705所与西工大合作建立水槽实验室,并且由苏联专家进行指导。工作刚刚启动不久,由于中苏关系破裂,苏联专家就撤走了,留给我们的等于是一张白纸,我们只能从头开始。在经费有限的情况下,黄教授亲自指导我们,每个人发挥出自己的聪明才智,艰苦创业,结合实际,就地取材,终于建成了当时全国高校唯一的水槽实验室。实验室建成后,在教学和科研中发挥了重要的作用,相继有705所、710所等单位带着科研项目来到水槽实验室进行科学实验。在进行实验的过程中,我们不断总结经验,进行了许多的改造和创新。

如对发射炮的核心部分，把原来的活塞部件进行了改进和创新，新的实验系统具备瞄准靶向准确性高、操作性强、经济实用等诸多优点。又如对打捞夹进行了创新改造，使其工作速度快、准确性高，能够顺利完成发射和打捞鱼雷模型的任务。在10多年中，进行了数十次的水中兵器科研实验，每次都能顺利完成科研实验任务，还用高速摄像机记录下实验的全过程，通过数据的仔细分析，为实验提供了翔实的科学依据。这些工作都和黄教授的亲自指导和关心密不可分，他总是耐心地给我们分析和讲解工作中遇到的难题。经过他的分析和讲解，问题迎刃而解，鼓舞了大家的干劲和士气，增强了我们工作的信心和决心。

30年来，在黄教授的亲自带领下，我们经常带学生走出校门，先后去青海湖鱼雷实验基地、青岛港和大连旅顺港等海军基地参观实习，了解实际鱼雷入水发射以及回收的全过程，使同学们走出课堂，走出学校，深入到实际中去体会真实的水中兵器的应用过程，使同学们经历了从理论到实际，再上升到理论的深入学习过程。同学们收获颇丰，为以后的工作打下了坚实的基础。黄教授为国家培养了一代又一代航海人才，为社会主义现代化建设输入了新生力量。

总之，黄教授给我们留下了无比丰富的精神财富和科学技术知识，使我们受益终生，他为我国的教育事业做出了巨大的贡献，我们永远怀念他。

作者简介：王志鹏，男，1933年8月生，河北省宁晋县人，高级实验师（副教授级），1994年退休。1956年考入西北工学院机械系，在职6年制本科学历。主要在西工大三系从事教学和科研工作，还曾在二系和四系任教。独立研发便携式玻璃切割机，获发明专利及第6届全国发明展览会优秀奖。

具有航海精神的黄震中教授

◎ 陈福楷

1955年,西北工学院改建为国防院校。西北工学院为了贯彻此方针,进行了院系调整。当时在"为了反对帝国主义的侵略,我们一定要建立强大的海军"指导下,解散了大部分常规专业,新建水中兵器系(三系),加强鱼雷、水雷设计及工艺专业高层次人才培养。在这样的情况下,黄震中教授被授命建立水中兵器系,并担任该系系主任,担负起"建立强大的海军"的重任。

1956年三系成立,当年就招生。接着就进行了艰巨的创业工作,包括教师队伍的组建、教学大纲的制订、教材的编写、实验室的建立等,工作极为繁重。三系刚成立时,只有鱼雷设计及工艺和水雷设计及工艺两个专业。1958年,黄震中教授根据水中兵器核心技术发展的需要,打报告经请示上级批准,增加了"鱼雷自导与非触发引信"和"水声工程"两个专业。为了加快专业的建设,当时还邀请苏联专家协助。黄震中教授十分重视年轻教师的选拔和培养。为了尽快建立起教师队伍,从当时三年级的学生中,选择了少数学生作为预备教师来培养。系上安排这些学员,一方面跟苏联专家学习,另一方面和兄弟院校联系,前去学习相关专业。我被选派到哈军工学习水声专业,临走前黄教授谆谆教导我们要努力学习,返校后为建立强大海军服务。我们原来学的是鱼雷专业,属于机械类,而要转去学水声专业,属电子类。我刚开始学习时,极为吃力,考试成绩不太好,这给我极大的压力,但我把压力变动力,始终不忘初心,牢记使命,刻苦努力,抓紧时间,总是学习到很晚才休息。功夫不负有心人,在期末考试中,我的学习成绩是全班进步最快的。哈军工是军事院校,学员都穿军装,但我们没有军装穿。因为随班学习,我们也排在穿军装的班级队伍中。课间换教室,去另一个大楼上课,路上碰到校领导,班级队伍就正步走,向领导致敬。我们没有经过军训,走正步的样子就比较差。有一次寿松涛校长到哈军工看望我们,了解到这一情况后,就和哈军工领导交涉,给我们每人发一套旧军装,这样我们在队伍中就有点像军人的样子了。我们在哈军工努力学习,取得优异成绩。根据三系教学工作的需要,学校把我们在哈军工学习的学生调回学校当预备教师,我就是其中之一。黄教授对我们十分关心,他和蔼可亲,说话不紧不慢,常和我们讲我国的海洋情况,强调我国海洋广阔和海防的重要性。他讲到,我国属海洋国家,海域辽阔,海岸线有18000多千米,海洋资源丰富,但对海洋的开发明显落后,从现实讲我们一定要面向海洋,迎头赶上。广阔的海洋能够为人类提供丰富的食物、矿物、油气等资源,给人类带来极大的好处,海洋也是我们联系世界的交通要道。我们要成为海洋强国,必须大力开发海洋,同时要建立强大的海防。这是我们前人从未做过的极其光荣伟大的事业,大家要下定决心,拿出愚公移山的精神,排除万难去争取胜利。

我们回到学校,既要完成我们的学业,又要为担任新专业的教师做好准备。当时,我们向苏联学习,常常讲"苏联的今天,就是我们的明天"。苏联专家给我们讲课,我们很尊重他们,上课认真听课,细心记笔记。那时,中苏关系恶化,苏联撤走了专家,带走了所有资料。随后,我们在黄教授的带领和教导下,凭着听课笔记,并收集整理相关资料,发扬"有条件要上,没有条件创造条件也要上"的铁人精神,攻坚克难,完成了新专业的教学准备工作。

黄教授十分重视科学研究,在建立三系的初期,就带领年轻的教师队伍开展科研工作。早在1958年就成立了"水中兵器研究室"(又称"五零研究室"),相继承担并开展了多种水中兵器型号的研究任务,其中也包括自导鱼雷。我从1961年成为正式教师起,在完成教学任务的同时,也参加了相关的科研工作。黄教授给我们年轻教师创造的科研条件,以及参加科研工作的实际锻炼,为我们后来承担海军装备型号的研制任务打下了很好的基础。

从1968年起,教研室的老师们在前期研究工作的基础上,争取到924型号项目的研究任务,这是面向海军新型装备的研究。任务重,要求高,需要创新,填补空白。项目下达后，要进行方案论证，提出实现的可能性。以雷头为例，要把声能从雷头中发射出去，雷头的透声性要极为优良，用什么材料好呢？需要通过海上试验来确定。经过多方试验，发现玻璃钢的透声性极为优越，但不能太厚，要考虑鱼雷在20米水深的海水中航行，有一定的耐压强度，不能太薄，也不能太厚，太厚了透声性能就不好。我们就雷头采用哪种玻璃钢进行了很多次的海上试验。理论上多波束接收方案是比较好的，但多波束方案的形成必须使用波束形成器，需要进行波束形成器的精密设计。因为是主被动联合的自导系统，有接收，又有发射，需要有收发转换装置，我就承担了这一研究任务。自导鱼雷是追踪目标的，还需要有目标模拟器，尤其是924型号海上试验，更离不开这一关键设备，我也负责了这一关键设备的研制。我们从方案设计，到搭试验样机，开展海上试验，收集在海洋环境中的实际数据，并验证设备的技术性能。

海上试验是很辛苦的，由于冬季的水文条件好，我们大都把海试选在冬季进行。海风寒冷刺骨，海试中我们每天穿着海军借给我们的大衣，腰里绑着一根绳子，任凭寒冷的海风吹掠，从不叫苦。黄教授和我们一起经受着艰苦的创业生活，并鼓励我们要一不怕苦，二不怕累，为建设强大海军贡献自己的力量。

海试是比较复杂的，要调用军舰。早期并不收费，执行了一段时间，海军要收取试验费用，每次要数万元之多，怎么办？只有从自身想办法，能否不调用军舰作目标就能达到试验目的。在这样的情况下，应答机就派上了用场。当时，我负责研制海试用的应答机，并且做过用应答机测试军舰各个方位的反射目标强度试验，证明反射信号在舰船的正横方向是最强的。应答机要作为逼近真实目标的模拟器，必须满足许多技术指标。在军代表的严格要求下，应答机的各项指标都经过了成都计量院的测定，达到了技术指标要求，可以用来代替军舰进行海试。应答机的成功研制大大节省了科研费用，加快了研制进度，为海试的顺利进行做出了贡献。

项目组的老师们经过10多年的艰苦奋战，终于在1983年完成了该型号项目的设计定型。在1985年获得国家科技进步奖一等奖。该项目的技术骨干，正是黄教授建系选拔培养出的年轻教师，我们发扬了三系传统的航海精神，初生牛犊不怕虎，不

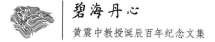

怕苦,不怕累,团结协作,敢想敢干。我们觉得能为国家做点事,为建设强大的海军出力是最大的光荣。

作者简介:陈福楷,西工大航海学院教授,长期从事水声工程、鱼雷自导的教学和科研工作,曾获国家科技进步奖一等奖。已退休,现年84岁。

纪念航海学院的奠基者、铸魂人
——黄震中教授

◎ 崔景元

狭路相逢勇者胜,逢敌必亮剑,剑锋所指,所向披靡。这是《亮剑》中李云龙的亮剑精神,这就是军魂。任何一个部队、一个学校和一个企业都有自己的传统。传统是一种性格,是一种气质,也是一种文化。这种传统是由这个部队、这个学校和这个企业的创建人的性格和气质所决定的,并注入了他的灵魂。随着岁月的流逝,人员的更迭,这个魂、这个传承在不断地完善并趋于完美。靠这个魂、这种文化的积淀,这个部队、这个学校和这个企业将更具战斗力,更加辉煌。

1956年5月高等教育部、第二机械工业部联合发文:为适应国防建设发展的需要,经国务院批准,决定改建西北工学院为国防性质的高等学校,设立第一机械系(火炮),第二机械系(炮弹及引信),第三机械系(水中兵器),第四机械系(机械制造);"成立第三机械系,设鱼雷设计及工艺,水雷设计及工艺专业"。航海学院由此诞生。1956年秋,西北工学院院长刘海滨找时任机械原理和零件教研室主任的黄震中谈话,强调了培养我国自己的国防专业人才的重要意义,并请他主持第三机械系(以下简称"三系")的建设。这对黄震中教授来说,是一种期待,更是一种挑战。为了填补我国鱼雷、水雷专业的空白,为了国家的急需,黄震中教授毅然放弃了原来熟悉的工作,勇敢地接受了组建三系、建立新专业的任务,被任命为三系系主任。随即,他以攻坚克难、严谨求是、奋进创新的精神,立即开始了建立三系的各项工作。他在全国军工院校调研并组建新的教师队伍,在校内选调了叶祖荫、刘钰等青年骨干教师来系工作,并选派了刘锋、陈景熙等20余名青年教师赴哈尔滨军事工程学院进修学习，任命刘钰为鱼雷设计及工艺教研室主任、王祖荫为水雷设计及工艺教研室主任，负责专业筹建、教学准备工作。水中兵器专业于1956年9月招收了第一届学生。1957年国家对高等学校进行调整，西北工学院与西安航空学院合并，成立西北工业大学。原西北工学院的一系、二系停办，转去北京，保留三系，在西工大仍称三系。1957年9月，高等教育部为三系聘请了苏联专家索洛维耶夫、札阿洛夫来西工大工作。苏联专家帮助三系修订教学计划，筹建实验室，并为教师讲授部分课程知识，对三系的发展建设做出了较大贡献。黄震中教授十分关注水中兵器专业的建设和发展，在与苏联专家的接触和交谈中，黄震中教授敏锐地感到水中兵器系需要制导和引信，目标探测和攻击离不开水声科学，于是他向学校建议组建"鱼雷自导与非触发引信"和"水声工程"两个专业，并聘请苏联专家。他的建议得到了上级批准。同年，在校其他专业的部分学生和调干生转入两个新专业学习。1959年苏联专家高洛霍夫来西工大工作，而水声专家没有到位。1960年苏联专家相继回国。从1961至1964年，三系教师在黄震中教授亲自领导下，编写了24种专业教材，并由北京科学教育出版社出版。三系的教学工作逐渐走上了正轨。

教学和科学研究一直是高等学校的两个中心任务。自三系建系来，黄震中教授十分重视科研工作。1957年12月第二机械工业部发文，在西北工业大学成立"水中兵器研究室"（代号"五零研究室"），黄震中教授兼任研究室主任。1958年扩建成"水中兵器研究所"，承担了××号热动力鱼雷、××号电动力制导鱼雷等国家下达的科学研究任务。1961年，国防科工委将西工大研究所与海二所合并，相继成立为船舶705所和710所。经过60多年的发展，这两个有着航海学院血脉的研究所逐步发展壮大，成为国防工业、船舶系统的主力，为国防事业、海军装备建设做出了重大贡献。航海学院完成了国防重点型号鱼×主被动自导鱼雷的研制任务，填补了国家空白，并投入批产，装备部队。该项科研成果获1985年国家科技进步一等奖，为西北工业大学摘得科学研究的第一枚国家级金牌。近年来，航海学院的教学、科研发展令人瞩目，完成百余项国防预研和型号研制任务，取得国家科技进步奖、国家发明奖、国家教学成果一等奖等多项成果，得到了国家和行业的表彰和奖励。学院培养了院士马远良、院士徐德民、长江学者潘光、国家教学名师宋保维和全国优秀教师杨益新等一大批国防科研、教育大师，同时为国防工业和其他行业输送了万余名优秀的科技人才。航海学院为国防建设、海军装备建设做出了重大贡献，成为西北工业大学"三航"的重要支柱。

黄震中教授自1956年建立三系起担任系主任，直到1983年，历时28年，他的教育思想、学风、作风，深深地影响了三系的几代人。自1956年起招收进入三系学习的学生，其中相当大一部分人成为三系的骨干教师，他们深受黄震中教授思想和作风的影响。黄震中教授严谨求是、奋进创新、团结协作、无私奉献和以身作则的榜样风范，在他们的教育工作中得到了充分的体现和发挥。这种起始于老三系的良好思想作风，得到了很好的发扬和传承。几代人的努力奋进、充实完善，形成了航海学院独有的航海精神，这是航海学院宝贵的精神财富。

在临潼秦始皇兵马俑博物馆

左起：冯守安、黄震中、崔景元

我是1975年由北京航空学院（现北京航空航天大学）毕业后来西工大三系工作的，算来已有45个年头。自1986年我任系(院)办公室主任后，每年我都和时任院（系）副院长的王秀杰教授到黄震中教授家拜年。黄震中教授非常亲切、热情，和我们拉家常时，常询问学院的近况。学院每次有重大活动都邀请黄教授参加。参加活动的校内领导、兄弟单位的领导和老同志对黄震中教授非常尊重、非常热情。我与黄震中教授近距离的接触也多了起来，黄教授诚恳朴实、平易近人、和蔼可亲，给我留下了深刻的印象。西工大的"三实"精神在他身上完美体现，他儒雅的人格魅力令人钦佩和敬仰。

今天，我们纪念航海学院的首任主任黄震中教授诞辰百年，追忆他热爱祖国、热爱教育事业、热爱航海事业、忠诚奉献的精神，对航海学院今后的发展和建设具有重要的现实意义和历史意义。老一代航海人、新一代航海人辛勤工作、无私奉献，在航海学院64年发展历程中留下了他们辉煌的足迹，是航海学院的后来人永远追忆和学习的榜样。他们是航海精神的奠基者、建设者和传承者。他们铸就了"敢为人先、攻坚克难、团结协作、无私奉献"的航海精神。

作者简介：崔景元，1948年12月生，1975年由北京航空学院毕业分配到西北工业大学航海学院鱼雷热动力教研室(304)工作。先后在航海学院任教研室党支部书记、院办公室主任、院党总支副书记、副院长职务，2008年12月退休。

深深缅怀黄震中教授

◎ 楼世正

一、科技报国，奋斗终生

科技报国，是老一辈教育家黄震中教授的夙愿。

1920年，黄震中教授出生于宁夏银川一个教师家庭，长我10岁，1997年逝世，享年76岁。他小学、中学成绩优异，常获一等奖学金。1938年，他满怀"科学救国"鸿志，为报考名校，在无车可乘的情况下徒步穿越秦岭天险，终于考上内迁重庆的中央大学机械工程系。当年校园生活极为艰苦，住草屋，吃霉米，同学们戏称为"八宝饭"；电力紧缺，只能在桐油灯下学习。他目睹宿舍连同衣物、书籍，被日本飞机炸得粉碎。侵略者的疯狂肆虐，激发了全民抗日救国的决心。1942年，他从中央大学毕业，奔赴大渡口钢铁厂为抗日前线制造武器弹药。抗战胜利后，他进兰州工业研究所工作。解放前夕，他临危受命保护研究所，深受军代表的信任和关爱。1947年，经考试选拔，他以优异成绩，公派留学美国衣阿华州立大学攻读机械工程专业。他刻苦学习，提前获得硕士学位。新中国开国大典前夕，他赶上国民政府签发的最后一批名单，毅然返回祖国，随后，他在兰州大学任教，为国家培育急需的科技人才，时年29岁，是兰州大学最年轻的教授之一。1955年，黄震中教授受命筹建西北工学院三系（水中兵器系），一切从零开始。他创建了我国高校唯一的水中兵器学科，制订我国第一部水中兵器专业教学计划，还十分重视实验基地和教材建设，撰写《鱼雷总体设计》等重要经典专业著作，在新型鱼雷关键技术方面有众多重要建树，培养出我国第一位鱼雷设计及工艺专业研究生——徐德民教授，现为中国工程院院士,以及中国工程院院士马远良教授。徐德民院士常年从事航海工程教育,开展远程水下自主航行器研制,主要性能国内领先,达到国际先进水平,走出一条"产学研"结合的创新之路。马远良院士是我国著名的水声工程专家,建立了我国水中兵器学科第一个博士点和博士后流动站,是我国这一工程科技领域的开拓者和带头人。

黄震中教授为我国的科教事业奋斗了一生,实现了他科技报国的宏愿,无愧为我国水中兵器教育事业的奠基人。

黄震中教授(左一)与学生马远良
(摄于1979年)

黄震中教授撰写了我国第一部有关鱼雷总体设计的教材《鱼雷总体设计》,是我国水中兵器高层次人才培养长期使用的经典著作

二、译校科普,友谊长存

我和黄震中教授的交往,是从科普引进开始的,堪称奇缘。1977年,改革开放的春风吹遍祖国大地,高考恢复,人民需要科普,《十万个为什么》应运出版。西安举办国外图书展览,我有幸参观。在图书百花丛中,我看中两本英文科普读物:《海底探索》和《宇宙探索》,我很想译成中文,以满足广大青少年读者的需求。那时展馆没有复印设施,图书又严禁出馆。想译,我只好手抄。我用了约4天时间,手抄了这两本书。随后和西安有关出版社联系,出版社领导很重视,立即派专人协助去展馆拍摄彩图,安排出版事宜,并及时联系有关专家审校译文。《海底探索》请西工大黄震中教授和陕师大地理系韩宪钢教授审校,《宇宙探索》请西工

大陈士橹副教授审校。他们都热心负责。特别是黄震中教授,全书20多个章节,他每一节像讲故事那样对我耐心辅导,其中第16节"通气管和救生舱",讲得特别生动。他得知我"抄书译书"的故事,对我倍加赞赏。其实,手抄原文翻译,我是向前辈胡沛泉教授学习的。

中文版《海底探索》

当年黄震中教授审校译文时,我多次去他家,得到黄震中教授和其爱人范一平老师的热情接待,令我印象深刻。

黄震中教授和其爱人范一平老师

我和西工大老一辈的交往中，与多位教授有外语结合科技的书稿合作，和黄震中教授的合作，记忆犹新，令我终生难忘。

三、80周年校庆，和航海人欢度

2018年10月，西北工业大学80周年校庆，我应航海学院邀请，有幸和"航海人"共同欢度，留下难忘的记忆。照片前座左起：李珂、李伯宗、楼世正、马远良、宋士贤、武延祥；后排站立1967届3721班6位同学：黄劲涛、陈海燕、尹淑卿夫妇、黄建国、王诚甫、程宏轩。他们大多和我一直有交往。当年，我是3721班的俄语老师，黄建国是班长，他们学习刻苦努力，给我留下深刻印象。他们毕业50年后返校参加校庆，没有忘记当年培养他们的老师们。我和航海学院的师生有众多联系。大约在1980年，我翻译有关声呐用于无损探伤的科技文章，就是请马远良院士审校发表的。宋士贤、李伯宗、李珂、武延祥都是3721班的老师。李珂还参与了我多本有关考研书籍在西工大出版社的出版发行。我给航海学院多个班级曾教授过英语课，其中孙超同学英语学习出色，她去英国留学时，我还给她送行。

因为我的外语教学经历，我与航海学院建立了深厚的友谊，有此奇缘，令人特别欣慰！

和航海人欢度80周年校庆

四、结语

64年前,黄震中教授带领一批年轻教师创建了我国唯一的水中兵器系,白手起家,艰苦奋斗,大胆创新,培养出包括马远良院士和徐德民院士在内的一大批国家急需的高科技人才,培育他们具有优良的航海精神和风尚。而今,航海学院人才辈出,后继有人,硕果累累,已成为我校"三航"特色中成绩显著的学院。若黄教授能亲眼看到,当年的三系幼苗,已成长为航海学院根深叶茂的大树,成为我国建设海洋强国的中坚力量,一定会十分欣慰。安息吧,黄教授!您开创的事业如雨后春笋,正在蓬勃地发展!

作者简介:楼世正,西北工业大学外国语学院英语和俄语教授,中国翻译协会资深翻译家(2004年获表彰),浙江杭州生,祖籍诸暨,现年90岁。

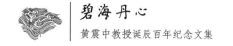

缅怀追思黄震中教授

◎ 刘德明

1959年9月1日,我怀揣着西北工业大学二系的录取通知书,从河南乘火车来到向往已久的古都西安。一行互不相识的学子被学长们用大巴车接到西北工业大学。我报到时才知道被三系录取,心想三系是学什么专业的?

开学后,三系1959级的新生在教学区大教室开会,系领导和新生见面,一位身体挺拔、略显消瘦、面带笑容、精神焕发的老师开始讲话:"同学们,你们好!"他就是三系系主任黄震中教授。黄震中教授语调高昂地讲述了我们国家的海防和海军建设的情况,以及海军建设的迫切任务。三系就是为建设强大的海军而培养科研、工程技术人才的。黄震中教授说:"同学们,你们要在西北工业大学学习5年,学习基础理论知识,接受专业教育,学成之后将会奔赴国防工业生产一线和研究院所,希望你们从今天开始,投入到紧张的学习中去!"120名新生报以热烈的掌声。

黄震中教授是35专业的任课老师。他讲授板壳理论课,该课程理论较深,他在讲解时深入浅出、生动形象,耐心细致解答各种问题,让全班同学基本都掌握了知识。

黄教授为了海军建设和发展,远赴苏联列宁格勒造船学院进行专业考察;派送该系上的青年教师王树信、时向坤、石谯华和李元魁等到哈尔滨军事工程学院进修,让他们更快、更多地掌握军事教育的前沿知识;他不辞劳苦亲自到山西侯马874厂和厂领导协商厂校联合办学事宜,为建立水雷和鱼雷专业研究所做出了重要贡献。

黄震中教授十分重视专业教材建设。在全系会议上多次对教师提出要结合国内外科技发展的情况，编制适合中国自己的水中兵器教材的迫切要求，改变目前学生上课仍然使用苏式讲义的局面。黄震中亲自拟定大纲，对鱼雷设计专业教材的总体设计提出自己的思路和展望，不久这本《鱼雷总体设计》出版，弥补了鱼雷设计专业教材的短板，成为鱼雷总体设计的经典著作。

　　黄震中教授，您的学生和同事，继承了您的遗愿，为实现中国梦而努力奋斗。中国海军快速发展和壮大让世界瞩目。西北工业大学水中兵器系已由系扩展为航海学院，下设5个系，每年招收博士生300多名、硕士600多名和本科生800多名，现有84名副教授和48名教授。学院每年为国家的海防建设输送了大批博士生、硕士生和本科生，取得多项科研和创新成果，航海学院已成为中国国防建设的重要教育基地。

　　黄震中教授，您可以放心了，您开创的事业后继有人，必将发扬光大！

作者简介：刘德明，1964年毕业于西北工业大学三系，留校任教，曾任305教研室副主任，西北工业大学人事处副处长、职改办主任，负责全校教职工的职称评定工作，以及校图书馆书记兼人事副馆长。

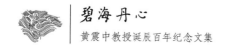

不普通的党费

——黄震中老先生让我感动最深的一件事

◎ 秋卫平

今年是西北工业大学航海学院奠基人黄震中教授诞辰百年。黄老先生是我国高校水中兵器学科的创建人,为我国水中兵器学科的开创与发展发挥了主导作用,培养了几代祖国建设的栋梁之才,功勋卓著,令人敬仰。

我见到黄老先生是在1981年我参加工作之后,老先生给我的第一印象就是非常儒雅。他高高的个子,方方的脸庞,鼻直口阔,从一副眼镜中透出了慈祥的目光。他说话声音不大,略带鼻音,非常具有亲和力。他对我们刚参加工作的年轻人很客气,在校园见面时总是微笑地点点头,让人感到善意和鼓励。

在黄老先生百年诞辰之际,我想起了让我最感动的一件事。大约在1990年,我们几位同志在清理实验室的旧桌椅时无意中发现了旧办公桌里的一个记录本。这个记录本的封面是牛皮纸的,表面落有薄薄的灰尘,内页的纸是黄色的,总厚度约半厘米,看着虽然很旧,但保存得依然平整。打开一看,每页用圆珠笔写的字迹还非常清晰,原来里边记录着20世纪60年代(具体年份记不清了)305党支部成员交的党费数额。有的人是教研室的老同志,有的人我不认识,可能已经调走了,大家交的数额都是几毛钱,而"黄震中"名字后边的缴费数额居然是45元!

45元在现在看来算不了什么,不值一提。可是45元直到20世纪80年代初都是一笔不小的数额,它相当一个普通职工的月工资,算得上巨额党费!这远远超过了他本应交纳的数额。我1981年参加工作时的工资是五十几元,从1985年入党直到1990

年每月交的党费都是两毛多钱。当我看到黄老先生在20世纪六七十年代大家生活很不富裕的情况下，每月就交45元党费时不由得感到非常惊讶。据了解，黄老先生当时的月工资大约是220元，上交的党费就占工资的1/5。这是一种精神，也是一种奉献，而且这一交就是许多年，后来随着工资调整他交的党费还在增加。这件事对我触动很大，让我久久难以忘怀。

1997年7月黄老先生不幸去世，我随几位同事到他家吊唁，我第一次走进了黄老先生的家。我原以为黄老先生是老教授，家里肯定很豪华，可映入我眼帘的情景却是非常普通。家里没有一样时髦的家具，全是使用了40多年的老古董，地板已磨去了光亮而且松动变形，走在上边"砰砰"作响，房间里旧书架上却摆满了专业书籍，旧桌子上放着他生前最喜爱的一盆君子兰。看得出黄老先生追求的不是奢华的生活而是要把终身献给教育事业。此刻，我又想起了他交党费的事，回头再看门厅里摆放着老先生的遗像和祭奠的鲜花，我感到他的形象无比高大，对他的崇敬心情油然而生。

黄老先生的自传这样写道："作为党员我时刻注意不能特殊，在基层支部活动中要以一个普通党员出现，按时缴纳党费。"他要做一个普通党员，可他交的党费是如此的不"普通"。可见他对党组织的无限热爱和无比忠诚。

黄老先生忠诚党的教育事业。他说："我愿投身到工程教育事业，将自己仅有的一些'片面'知识，传授给年轻一代，希望他们能在祖国建设中有所作为"，"为社会主义建设培养人才，一向引为莫大光荣"，"作为人民教师只有从'桃李满门''青出于蓝'中获得辛勤耕耘的精神安慰"。

黄老先生一生勤俭节约。他所用的办公桌从1957年到他退休一直没换过，几次搬动时都已松散，抽屉都掉了下来。系里曾经做过几批新的办公桌椅，大部分人都换了，可他说："修修还可以用。"

黄老先生一生为人师表，各方面都严格要求自己，崇尚严于律己，宽以待人。

黄老先生虽然离开了我们，但他克己奉公、对党忠诚的精神永远激励着我们。

习近平同志讲过：伟大的事业呼唤着我们，庄严的使命激励着我们，我们一定要坚定不移把老一辈革命家开创的伟大事业继续推向前进。这是我们的历史责任，也是对老一辈革命家的最好纪念。

我深信，新一代航海人一定会继承和发扬老一辈开创者的优良传统和奋斗精神，为祖国的强盛而不懈奋斗，不断涌现栋梁人才，在航海科技方面继续做出新的贡献。

作者简介：秋卫平，高级工程师，六级职员，原航海学院办公室主任。1981年2月西北工业大学实验班毕业留校，至2015年12月一直在航海学院工作，曾担任304教研室党支部书记，航海工程系工会主席，西工大雷纳仪器仪表研究所所长等职务。2015年底被中组部选派赴广西融水安太乡江竹村担任第一书记，2017年3月回校扶贫办继续承担扶贫工作，2019年12月退休。

我们的父亲

◎ 黄建国　黄建森　黄建明

我们的父亲黄震中，出生在一个知识分子家庭，自幼勤奋好学，在学校一直名列前茅。他年轻时就志向高远，希望报考最好的大学，学有所成，科技救国。1937年夏，他中学毕业，从宁夏千里迢迢赶赴北平（现北京）报考清华大学。但是日本发动了"七七事变"，北平告急，清华大学被迫停招内迁。1938年抗日战争正在艰难的时候，位于南京的中央大学搬迁到重庆，父亲不畏艰险，决意赴渝报考当时著名的中央大学。那时从宁夏到重庆，交通非常不便，困难重重，要翻越"难于上青天"的秦巴古道。父亲徒步穿越秦岭，沿途风餐露宿非常辛苦，途中还遇到拦路抢劫，幸亏有学生，免遭洗劫。经过千辛万苦，父亲终于进入了四川境内，有幸吃了一顿当地农民的腊肉炒蒜苗，他觉得是最美味的一道菜了，以至后来他时常津津乐道。

1938年秋，父亲如愿考取了中央大学。五年的大学学习，为他"科技救国"的愿望打下了坚实的知识基础。父亲在大学学习期间生活非常艰苦，环境十分危险，努力学习的同时还要时刻警惕日军空袭，一有警报拉响，就要及时躲进防空洞。有一次日本飞机轰炸中央大学，他们的宿舍被炸毁，衣物、书籍被炸得粉碎。1941年，日本帝国主义为了摧毁全国人民的抗日决心，出动了几十架飞机，对重庆进行了长达五个多小时惨无人道的轮番轰炸，不幸较场口地区的防空隧道被炸塌，造成近万人死亡，这就是震惊中外的"较场口惨案"。父亲目睹了这一骇人听闻的惨案，对日本帝国主义刻骨仇恨，更加坚定了他科技救国的决心！

大学毕业后，父亲进入大渡口钢铁厂工作，研制武器弹药，为抗日战争贡献了自己一份力量。抗日战争胜利后，父亲到兰州的中央工业研究所工作。为了改变我国科技落后的面貌，学习西方先进的科学技术，他决意出国留学。1947年，父亲以优异的成绩考取了公派赴美留学资格，成为宁夏有史以来第二位出国留学生。在美国衣阿华州立大学学习期间，他一边勤工俭学，一边刻苦学习。周末，不少同学去游览休闲，他仍在坚持学习，原计划一年半的硕士研究生课程，他仅用一年的时间就修完。1948年底，父亲提前获得美国衣阿华州立大学硕士学位。当他带着硕士学位帽与欧美学生合影时，他踌躇满志：中国人不比外国人差，外国人能办到的，中国人经过努力，也一定能够办到！

父亲赴美学习期间，母亲带着我们幼小的兄弟两人（当时年龄只有三岁和一岁），生活非常艰苦。兰州冬天零下一二十摄氏度，房屋内没有取暖条件，非常寒冷。因为没有生活来源，母亲时常饥一顿饱一顿，为生活发愁。就是在这样艰苦的条件下，母亲省吃俭用，仍然坚定地支持着父亲在国外完成学业。

父亲硕士毕业后，中国国内的解放战争如火如荼，正在发生翻天覆地的变化，国民政府摇摇欲坠。当时国民党驻美使馆通知中国留学生，可以留在美国工作，也可以选择回国。

此刻摆在父亲面前，有两个截然不同的选择。一个选择是留下。相比之下，美国与中国的生活条件真是天壤之别。为此，不少中国留学生选择了留下。另一个选择是回国。当时中国解放战争正酣，回去之后的条件艰苦，不言而喻。但父亲想到，父辈们对自己的叮嘱，妻子和孩子们对自己的期盼，更重要的是，自己留学美国，就是要学业有成，报效国家。国家虽然穷，但更需要我们去努力建设。父亲毫不犹豫地选择了报效祖国。他搭乘最后一趟回国的客轮回到祖国。回国后，父亲用自己学到的科学技术，为国家奉献了终生力量。

1949年春，父亲回国后，先后被兰州大学和兰州工业研究所（以下简称"兰工所"）聘任。当时国民党溃败已成大局，盘踞西北的军阀马步芳苟延残喘，在兰州与解放军负隅顽抗。1949年秋，兰州解放前夕，有一天晚上，父亲被兰工所所长叫去，彻夜未归。当夜，母亲怀着焦急不安的心情整夜未眠。第二天天刚亮，满街一片狼藉，马步芳的败兵横尸路旁，这更加剧了母亲的不安。不久，父亲回来了，母亲高悬的心，终于放下。父亲后来讲，葛所长突然把他叫到兰工所，欲将全所工作交给他，让他做代理所长。父亲觉得这个事情太突然，也很唐突，他回国刚到所里不久，就以情况不明，予以推辞。但所长却甩手不干，全所群龙无首，一个好端端的工业研究所，眼看就会废弃，父亲于心不忍，决意将人民的工业研究所交还给人民。如何保证兰工所的完好，这个重担就落在了父亲的身上。于是父亲组织全所职工，保护好全部财产，将兰州工业研究所毫发无损地交给了进驻的解放军军代表，军代表对此表示感谢。后来父亲还与军代表进行了合影，照片中父亲高挑清瘦，军代表中等个头，一身解放军军装，两人的表情都很高兴。

对此事，母亲曾经表示后怕，因为这是一件非常危险的事情，国民政府在撤退的时候，常常有预案，要求尽量将所有的设备物资炸毁，不能留给解放军，其中兰州大铁桥就是国民党撤退时炸毁的（二伯父黄震亚，工程桥梁专家，在兰州大桥的抢修工程中，参与指挥和组织修复工作，曾获全国劳动模范）。要将兰工所完整地交给解放军，国民党和军阀马步芳是绝不甘心的，很可能遇到破坏和暗杀等意想不到的事情。父亲后来谈到此事，他觉得将兰州工业研究所完璧归赵地交还给人民，是自己做了一件感到十分欣慰的大事。

1949年全国解放，百废待兴，大学教师尤为紧缺，父亲被多所大学聘任，先后在兰州大学、西北农学院、西北工学院任教。当年父亲29岁，为兰州大学最年轻的教授。

1950年父亲离开了兰州大学，在西北工学院和西北农学院（以下简称"西农"）同时任教。他讲课条理清晰、深入浅出，深受学生欢迎。那时父亲奔波在陕西咸阳、武功两地。我们还记得，母亲时常带着我们兄弟二人，夜晚到咸阳火车站接父亲从武功西农授课回来。在昏暗的灯光下，火车徐徐进站，父亲高大的身影出现在列车门口，我们欣喜地簇拥到父亲身边，高兴地接他平安回家。父亲就是这样，脸上总是带着微笑，温文尔雅，深切地热爱着自己的祖国，热爱着他从事的事业，也深爱着自己的家庭。

1955年，国家根据加强国防建设的需要，将西北工学院改制为国防院校。当时父亲在西工担任机械系机械原理与机械零件教研室主任。一天，时任西北工学院院长、党委书记的长征老干部刘海滨找父亲谈话，欲将西工新建的水中兵器系（三系）的筹建重担交给父亲。此事重大，父亲也很意外。母亲顾虑重重，什么鱼雷、水雷，前所未见，还要建一系列专业，能行吗？父亲也感到这是一个自己从未接触过的全新领域，在中国是个空白，要白手起家，其困难程度不言而喻。在西工领导的热切鼓励和大力支持下，面对新的挑战，父亲勇敢地承担起这一重任。至此，他全身心地投入到新专业的建设中。母亲也大力支持，尽量不让父亲操心家里的事，做好贤内助。1956年西工任命父亲担任三系系主任，我国的水中兵器系开始扬帆远航！

万事起头难。父亲深知一个新专业的建设，必须要有一批思想好、业务精的教师队伍。1956年8月，父亲亲自带队，率领20多位青年教师赴哈尔滨军事工程学院研修。他们深入地学习了解有关专业的知识，同时向科技水平先进的苏联专家学习。在上级领导机关的支持下，1957年还邀请苏联专家到西北工业大学三系帮助专业建设。

为了更好地与苏联专家交流，更好学习苏联的先进经验，父亲刻苦地自学俄语。那时，我们时常看到父亲在夜阑人静时，摇着蒲扇学习俄语，嘴里念叨俄语单词，如"马神那"（意思为"机器"）等。记忆最深的是，建明小妹幼小可爱，父亲将她叫作"丫波洛克"（意思为"苹果"）。因为他已有娴熟的英语基础，所以很快地掌握了专业俄语，能与苏联专家很好地交流。父亲非常尊重苏联专家，苏联专家也非常尊重父亲。周末，学校曾安排苏联专家到丈八沟宾馆度假。父亲有时携我们前去看望，父亲与苏联专家促膝长谈，家属间相互交流，增进了与苏联专家的友谊。三系还曾为苏联专家篆刻了一枚他中文译名的印章，苏联专家非常高兴，爱不释手。父亲与苏联专家之间的关系非常融洽，专家们热情地帮助三系建立新专业。

1958年9月，父亲曾随中国军事代表团访问苏联，了解苏联水中兵器的建设情况，考察了列宁格勒造船学院，洽谈聘请苏联专家来校讲学、帮助建设当年刚批准建立的新专业。访问苏联后，父亲更加坚定了办好三系专业的决心。

筹建三系初期，父亲非常辛苦。西工原来在咸阳，1957年与西安航空学院合并成立新的国防院校西北工业大学，设在西安。当时学校刚开始建设教学和生活设施，各项工作刚刚起步，不少工作需要父亲在咸阳和西安之间奔波。为了更有利于工作，父亲安排刚上初中的建国住校，将母亲与未满周岁的建明留在咸阳，自己带着上小学的建森住在西安。他经常回来很晚，而且时常出差，就将建森一个人留在家中，让他自己去食堂吃饭。

家庭照（摄于20世纪60年代）

前排左起为范一平（母亲），黄建明，黄震中（父亲）；后排左起为黄建森、黄建国

1958年，父亲加入了中国共产党，他的干劲更足了，始终把党的关怀记在心中，作为他工作的动力。当时，学校专门为教授和老干部设立了员工食堂。每逢国庆、年终团拜等重大活动，学校还专门组织车辆接送教授与会，父亲把党对知识分子的关心牢记在心中，他时常说，党对我们这样重视，我们要把工作干得更好。

父亲不仅是党员，而且还是九三学社西工大分社的负责人。当时，九三学社社员主要是资深教授和老教师。九三学社活动室就设在我们家中，每次活动时，父亲让母亲收拾好屋子、准备好茶水等，热情地接待老教授们。他们认真学习党的文件和各项政策，我们时常听到热切的讨论声和爽朗的笑声。父亲将九三社员们紧密地团结在党的周围，为党的统一战线工作做出了积极贡献。

父亲非常重视作风建设，他以身作则，勤奋踏实，团结同志，共同奋进。困难时期，一位青年教师的孩子，因奶水缺少吃不饱，他就将国家专门给高级知识分子供应的牛奶，转送给这位教师。一次父亲到南方某单位出差，得知所住招待所的厨师是三系一位学生的家长。在用餐中父亲特意约见了这位家长，并向他介绍了三系的专业和学生情况。事后家长非常高兴和感慨，勉励其孩子，在这样关心负责和平易近人的教授领导下，一定要好好学习，报答老师，报效祖国。

父亲曾是一机部设在西工大的"五零研究所"（即水中兵器研究所）首任所长。父亲十分重视科学研究，他还非常注意院系与相关厂、所建立紧密的合作关系，以有利于科研工作的开展和共同协作攻关，尤其与这些单位的领导搞好关系，他们彼此尊重，关系融洽。记得父亲与当时主要研究水中兵器的"海军第二研究所"所长杨汉、一机部派来任"五零研究所"副所长的王震寰（后任海二所副所长、710所所长）等领导是同事，也是挚友，关系十分紧密融洽。他们领导间的和谐关系，使得学校与研究所、学校与工厂的协作融洽顺利，共同推进了水中兵器事业的发展。

1970年，由于国家管理体制的变化，西工大划归三机部，三系划归六机部，离开了西工大。六机部先让三系与哈军工三系合并建院，因选址困难未果。后让三系单独建院，先后选点西安、杭州、镇江等地均有许多困难。三系要搬迁到南方，从地理条件来讲，相比西安要好。但父亲考虑的是，搬迁要有利于三系的发展，但搬迁单建，三系一些骨干专业教师可能流失，专业教师队伍削弱，并需补充一大批基础课教师，另外三系大型设备，如水池、水洞等建设不可能一蹴而就，而且水中兵器专业的招生规模也相对有限，而一个新学校的建立，没有三年、五年是不可能的。面对三系如此摇摆不定，久久不能落实的情况，父亲看在眼里，急在心中。父亲积极向中央领导上书，表示根据中央精神及现有条件，希望三系能够重归西工大，紧密依托重点高校优势，尽快恢复招生。在上级领导综合决策和三系的共同努力下，1979年正式回归西工大。

20世纪80年代初，中国改革开放。曾与父亲一同在美国留学，后在美国加州理工学院任教、业已成名的吴耀祖教授回国探亲，并且来西安探望父亲。父亲在母亲、建森的陪同下一起前往神州假日酒店。阔别30年的好友进行了畅谈，回忆起当年一起勤工俭学的情景，介绍了分别后各自的生活状况。吴教授设宴招待父亲，酒酣后曾流露出，若父亲当年留在美国，工作和生活情况也会与他一样出色、满足。但是父亲后来对我们说，他对当年留学返国无怨无悔，因为他热爱祖国，在这块热土上实现了他科技报国的心愿，祖国和人民给予了他信任，使他开创了一个崭新的水中兵器教育事业，并为此奋斗了一生，他的生活更有价值。

父亲是一位热爱事业的人，心里装着事业，精力花在事业。他从系主任岗位退下来，又全身心地投入到教学、科研、研究生培养和水中兵器学会的工作中。离开工作岗位，他在家仍然忙个不停，经常伏案看书、审阅论文稿件、参与许多与专业有关的社会活动。我们有时回家看望他，他最关心的就是三系的近况和发展，每当得知三系取得一些进步和成绩时，他就十分高兴。在他的生命晚期，仍十分关心学校及水中兵器学会的工作。1997年，他在第四军医大学西京医院住院，收到全国水中兵器学会召开全国学术会议以及邀请他参会的通知，他很高兴，但又遗憾地不能参会。他体弱无力支笔，就一边口述，一边让我们代笔写信，向大会表示祝贺，并对我国水中兵器事业及学会的发展提出建议。当校领导看望他时，他希望学校办好并校40周年庆祝活动，全面推动学校的发展。他在弥留之际，还一再叮嘱我们，个人的困难自己努力克服，不要给组织添负担，丧事从简。父亲直到生命的最后一刻，仍然关心着国家，关心着水中兵器事业的发展。他无怨无悔地为我国水中兵器事业奋斗了一生，贡献了他的全部力量和智慧。

自水中兵器系诞生60多年后的今天，在父亲诞辰百年之际，我们欣喜地看到父亲全心浇灌的水中兵器专业幼苗，经过三系几代人的共同努力，已经长成了叶茂根深的大树，人才济济，硕果累累，航海学院的学科专业已成为西工大航空、航天、航海特色的一个重要支柱。父亲一代人当年的艰苦奋斗、严谨求实、团结协作、无私奉献的精神，正在得到航海人的继承发扬。他们所开创的事业，后浪推前浪，正在中华复兴的道路上蓬勃发展，攀登新的高峰！

作者简介：
黄建国，黄震中长子，退休，曾任西工大航海学院院长。
黄建森，黄震中次子，退休，曾任西工大校办副主任，继续教育学院副院长。
黄建明，黄震中女儿，英特尔公司高级工程师。

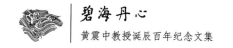

水中兵器系诞生和成长过程中的片段回忆

◎ 黄震中

西北工业大学三系（水中兵器系）的筹建始于1955年。中华人民共和国成立后国家对原有高校进行了一系列的院系调整。1955年高教部通知，将原西北工学院进行调整，确定于1956年暑假后改建为国防工业院校，委托二机部管理。抗日战争后，由京、津、东北等地几个工科院校迁至后方组成西北工学院，学院设有机械、电机、土木、水利、矿业、化工、纺织、航空、工业管理等9个系。调整后，大部分系先后调至他校，或另组成专门学院。西北工学院以基础课及机械制造各专业为基础，改建为国防院校，设火炮（一系）、炮弹及引信（二系）、水中兵器（三系）、机械制造（四系）等4个系，分别为第一、二、三、四机械系[1957年国家计划调整，将第一、二系的5个专业停办（并入北京工业学院已有的专业仍继续办），保留三系（国内尚无此专业）和四系（普通机械制造工艺、材料及热加工）]。三系设"水雷设计及制造"和"鱼雷设计及制造"两个专业。

1955年秋，院长刘海滨约我谈话，指出我国要自力更生建立自己的国防工业和培养人才的重要意义，要我参加筹建新专业，征求意见。当时我在机械系讲授机械设计课，任机械原理和机械零件教研室主任，对新的专业一点不懂，认为国防专业很神秘，要放下自己原来已熟悉的工作，从头摸索，这个任务不轻。但想到我国这方面还是空白，既然国家需要，也带着对新专业好奇的心理，就答应了。稍后我参加了学校组织的三个新系的筹备组（由各系业务和政工负责人组成），到北京工业学院和哈尔滨军工学院调研联系，收集资料，对新专业的内容才有了些初步认识。回来后，就分别制定了各专业初步的教学计划和课程设置，准备选派教师外出进修学习，计划1956年就开始招生。1956年正式任命了各系系主任和助理，我被任命为三系主任，奥季陆同志为系主任助理。我即带领由他系或基础课选调来的中青年骨干教师讲师叶（祖荫）、刘（钰）、葛（世炯）、助教王（祖荫）等，当年本校毕业留校助教刘锋、陈景熙等5人，由北京工业学院相近专业毕业分配来校的助教李增南、杨爱民，以及专业俄语翻译人员等近20人到哈军工三系进行专业筹建、教学准备和进修学习等工作。奥季陆留校主持办公室及招生工作。1956年春先派刘钰（讲师）、王祖荫（助教）分别到军工鱼雷和水雷教研室，同时派高年级学生石礁华、杨保生等前往学习。

在此期间，哈军工刘居英副院长、徐立行教务长等院领导，三系的黄景文主任、邓易非政委等都对我们的工作给予很大支持，303教授会主任赵国华教授给进修教师讲鱼雷设计原理课，我们可随同学员班听课。赵教授平时话虽不多，但对我系教师的学习和生活都很关心。哈军工三系较早设有水雷、鱼雷和水声专业，虽然该校培养目标及课程设置与我校不同，但为我校人员初期熟悉专业，进修学习知识、收集资料和筹建实验室提供了很大帮助。

1957年国家计划调整，将我校第一、二系的5个专业停办，认为北京工业学院已有此专业，不需要再设立第2套专业，保留三系（国内尚无此专业），筹建继续进行。西北工学院（简称"西工"）两个系停办后，西工怎么办这时成了问题。学校面临重新调整，我接到通知回校参与研究、酝酿。杨秀峰（部长）、钱助理来西安征求各方面意见，讨论方案。最后（高教部）决定，将西北工学院与刚由南京迁来的西安航空学院（原华东航空学院）合并，成立综合性国防工业大学，定名为"西北工业大学"。经过积极筹备，西北工业大学于1957年10月正式成立。当时设6个系，三系不变，仍然称为"第三系"。

1957年9月，高教部为三系聘请的苏联专家札阿洛夫（水雷专家）和索洛维耶夫（鱼雷专家）到校，在军工进修的教师遂被调回（仅留原随鱼雷班学习的5人继续学习），预先准备的翻译人员也都到校，在校内积极开展专业的筹建和学习。两位苏联专家都是苏联列宁格勒造船学院与我们相同专业的教师，他们除讲课外，部分时间用于指导和商讨修订我们的教学计划、课程设置及筹建实验室工作。（鱼雷方面讲授了鱼雷构造和设计原理、螺旋桨设计、燃料动力装置等基本内容。）他们对于实验室建设方面提出的新建水洞、消声水池、空头水槽等，对以后教学和科研起到一定作用。但提出的在苏联订购喷雷、电雷试验台之类的设备，仅限于学习使用维修，其他较新的重要科研设备他们很少提及。

现在看来，他们所讲的内容只是鱼雷和水雷的一般基本知识，所谈的具体内容也只限于我国已有的产品和资料范围，不过对于我们新建专业来说还是很需要的。另外，我们从与他们的交谈及带来的资料中也得到了很多有益的启示。

在苏联专家的工作中，我们知道他们除了有和我们相同的鱼雷、水雷专业外，还设有海武器非触发系统专业（即自导与非触发引信），这项内容正是现代鱼、水雷所不可缺少的关键部分。同时我们也感到水下的探测、制导和攻击都离不了水声这门学科，于是向学校和部里提出建议，增设"鱼雷自导和非触发引信"及"水声工程"两个专业，并聘请有名苏联专家，得到上级批准。1958年便赶快抽调骨干教师[陈（次功）、沙（锋）等多人]，准备派他们外出学习，积极准备专业和教学工作。安排高年级学生转学（到该专业），到1961年与原鱼、水雷的两个专业同时有了第一届毕业生，为国家及早输送了这方面的技术干部。聘请的自导和非触发引信方面苏联专家高罗霍夫于1959年来校，水声方面专家苏方一直未能派出。后来中苏关系紧张，到1960年他们相继回国。

1961年4个专业首届学生毕业，分配到有关的厂、所、院校、海军和工业部门。

教材工作是新专业建设的一项重要内容。我们在筹建初期就着重抓了各专业课的教材编写工作。各门课程都分配有一人或数人负责准备。时间是紧迫的，到第一届学员上专业课时，各课都有了自编的或参考苏联专家讲稿编写的油印讲义。为了提高教学质量，1960年国防科委成立各军工专业教材编审委员会。三系参加了船舶专业教材编审委员会，委员会下设有水中兵器教材编审小组，参加单位有海军工程学院、华南（工学院）、上海交大、南工等。按计划，1961—1964年由三系负责编写的有关鱼雷、水雷、扫雷、水声等方面的教材24种，均由北京科教出版社出版，用作各专业的主要课本。

教学和科研是高等学校的两项中心任务，二者互相促进，相辅相成。早在建系初期，一面进行教学，一面由于形势需要逐渐开展一些科研工作。1957年12月，二机部颁发的"部二五期间科研工作方案"中提出准备与西工大合作建立"水中兵器研究室"。经磋商准备，1958年8月，原一机部与西工大正式签订协议，利用三系条件合作建立"水中兵器研究室"（代号为"五零研究室"），派我兼任研究室主任。1959年，一机部五局派王震寰同志任副主任，来校工作，1960年7月，批准扩建为研究所（代号为"五零研究所"），增添了专职与教师兼职人员，完成了基建设计，开始动工兴建教学科研大楼，添置和构建实验设备，同时也开始接受科研任务。

"五零研究室"成立后，五局曾下达30号热动力鱼雷、32号电动自导鱼雷和33号非触发锚雷的研制任务。此后，（就鱼雷而言）1959年11月，经海军工械部和五局同意，与"海二所"（海军第二研究所）合作共同研制甲-2型反潜自导鱼雷，曾与有关工厂等成立了合作社，在上海、沈阳等地开会研究技术方案、分工协调等事宜。1961年值国家困难时期，根据"调整、巩固、充实、提高"的"八字方针"精神，同时因苏联撤退专家，政府决定自力更生、集中力量，尽快生产自己的武器。国防科委命令将"五零研究所"调出与"海二所"合并，副所长王震寰同志也随同调出（后任705所副所长，710所所长）。这时"海二所"主力转向下厂仿制，三系教师也将主力转向繁重的教学工作，"合作社"的工作就此结束，但部分科研任务仍在继续进行。

在参加"甲-2合作社"期间，三系曾在总体方案论证、总体布置、流体动力计算、雷头线形设计、操雷头设计、壳体设计、电机改进、新型电池探讨、自导头基阵设计及制作等方面都进行了不少具体工作。现在看来这些工作只是很初步的，在大家对专业都还认识不深、还没有实践经验的情况下，短时间不可能取得明显的阶段成果。但是在专业新建不久，我国自行研制鱼雷刚刚起步的情况下，由于形势的需要，这些实际科研任务调动了年轻的专业科技队伍的极大积极性，锻炼了技术人员，使他们从探索中积累了经验，加强了国内同行技术人员的联系和合作，同时还带动了实验基本设施的建设。特别是在协作中，不同单位的技术人员为了能早日看到我国自己研制的鱼雷，忘我地辛勤劳动和无私地相互切磋研讨，这种精神是十分可贵的。

此后三系在承担4个专业的繁重教学任务的同时，仍不断参加各型号任务，承担各项专题的科研工作（详见三系简史）。在1966—1976年期间，教学各项工作陷于停顿，科研受到极大影响，但重点科研项目，如924主被动自导鱼雷和航空吊放声呐的研制一直没有停过。与706所、613厂合作成立"第五研究室"，当时我所当研究室主任的工作仍继续，706所派肖永岷同志当副主任。正是在这一期间没有教学任务，把较多教师力量用于科研，为后来研制成功通过国家鉴定打下了可靠基础（详见三系简史）。这期间三系还承担了一些其他科研任务，在锻炼人员、积累经验、提高以后教学质量等方面有一定收获。

在1966—1976年期间，三系招生中断，后来又由于国防院校领导体制的改变，三系的归属多年摇摆不定，一直未能恢复招生。直至十一届三中全会后，1978年底，国防工办召集国防高校教授座谈会，我被通知参加。会议传达了三中全会精神，提出全国工作重点转向经济建设，听取各方面意见。在总结会上主持会议的王震副总理在讲话中谈到：三系仍归属西工大，并尽快招生。随后于1979年经国防工办和三、六机部协商，国务院批准三系重新划归西工大建制（归三机部领导），设鱼雷、水雷5个专业，以及水声研究室和鱼水雷研究所。由于六机部的关心爱护，移交时投资新建教学科研大楼及专用实验室，增添设备，使教学科研条件得到很大改善。1979年三系归属确定后，当年秋季立即招生，我复被任命为系主任。停顿了十几年的教学机构，一旦要立即重新运转还是要费很大气力的。首先要赶快准备5个专业的专业课教材和教学实验，过去使用的（20世纪）60年代初编印的教材感到不能适应专业科技发展的需要，需要翻新和提高。到5个专业开出第一遍专业课时，全系共组织编印专业教材30余种。为了适应扩大专业面向的需要，还编写了多种通用教材。开展教学工作的同时，原已进行的重点科研任务不能刹车（如924鱼雷的研制正值定型试验关键期），需要周密安排，做到两不误。

（各专业全面招生后又面临一个新的问题）。1966年后的13年间都没有招生，有关单位反映，急需不同程度地增添这些专业的毕业学生。但从长远看，需要量又不是很大，且专业工厂要"军民兼顾""以民养军"，军品任务很少，所需人才的专业能力要求也与前不同。因此，1983年起各专业进行改造，扩大专业面向，调整课程设置，使学生的适应面更广些，以适应国家需要，各专业的名称后来也做了相应的修改（使之更加通用化）。

三十多年来，由于部、校领导的重视，有关厂所的支持协作，全系上下的齐心努力，三系逐步发展成为本专业的一个教学科研基地，作为经历了全过程的一员，追记一二，籍供参考。

本文根据黄震中生前手稿整理。

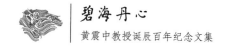

请迅速解决水中兵器系悬了9年的定点问题以便尽早招生的意见

◎ 黄震中

洪主任、周副主任，并请转王震副总理：

这次会议要求我们讨论如何办好国防高等院校、如何加速培养高质量的技术人才，以适应国防现代化的需要。领导一再号召我们畅所欲言，我所在的水中兵器系为了定点归属问题已经九年悬而不决，以致至今未能招生。不招生，何谈加速培养？没有数量，何谈提高质量？

王副总理还记得已经批过归西工大领导尽快招生吗？但是下面的实际情况是文件下了将近一年，问题却还没解决。

西工大水中兵器系（包括鱼雷、水雷五个专业和一个水声研究室，以下简称"三系"）成立于1956年，到"文化大革命"前共毕业了10届，为国家培养了约一千五百多名技术人员，后来由于领导体制的变动，西工大归三机部管，三系属六机部，但三系究竟应放在哪个学校，8年来一再拖延，一直未定，因而也不能招生，从"文化大革命"起，已经有13年没有招生了。（这些年全系教师虽然进行了科研并取得了一些成果和进展，但作为院校来说，培养人才的主要任务没有完成。）

直到今春，经王副总理批准，国防工办于1978年2月18日正式下文：决定仍归西工大建制，并要求三、六机部迅速办理交接，积极创造条件在1978年度开始招生。文件下达后，大家认为这一决定是符合当前抓纲治国、大干快上精神的，得到全系职工的欢迎，教学人员开始准备迎接招生任务。西工大党委领导也开始对三系工作领导起来,但到今夏高校招生时又未能列入计划,大家的希望又落了空,原因是两个部交接手续未办。现在已届年终,情况依旧,仍然悬在那里,得不到解决。这样下去,1979年也不一定能招生,即使明年能招生,要到1983年才有毕业生。想到2000年,想到提前实现四个现代化,怎能不为之心急?

难怪有些教师说:"八年(十四年)抗战都胜利了,三系定点就这么为难?""青年教师已变成中年,中年已近老年,戴老花镜的已不乏其人,还不招生!"有的年轻同志说:"当时来到三系还未结婚,如今孩子上了小学,还不定点!"甚至有的教师发牢骚说:"如果不需要,索性散了伙,去干别的。"

为什么领导批准并正式下了文件,还解决不了问题呢?我们在下面工作的是不了解的。据说三机部提出三系重新归西工大,一切专业建设费用由六机部投资,而六机部则认为船工导弹系进来,水中兵器系出去,不能都要六机部投资,于是就搁置了。究竟需要投资多少,应有哪方承担,难道这些具体问题就不能在工办主持下协商解决吗?既是国家的事业确定要办,如果需要投资由哪里出,只是个具体问题,总应有个解决办法,不能因噎废食。这样拖下去,受损失的只能是党的事业。

由于交接问题没有解决,最近六机部又酝酿了一个杭州单建方案,消息传来,人心浮动。

我认为在当前的情况下,应该赶快按照已下文件的精神,迅速协商解决问题,办理交接,早日招生。时间不允许再拖延了,另起炉灶问题不少(详见附件),不宜再三心二意摆来摆去了。

因此建议:

一、张副总长在这次会上提出院校管理体制问题需要改变,我认为所有国防专业,不论与哪个部对口的,应统一由工办或相应机构管起来,像以前国防科委统管国防院校一样,是彻底解决跨部专业矛盾的好办法。如果目前工办主管教育的部门还有困难,应该加强和调整,使之适应以上统管国防院校的任务。

二、为了大干快上争取时间,为了要"安定""提高",应坚决执行王副总理批准工办下达的文件,将三系交西工大领导,在工办主持下迅速解决两部交接问题,早日招生。

在工办主持下两部迅速达成原则协议后，立即通知西工大从现在起就把三系全面管理起来，准备来年招生。至于应投资多少，由哪个部承担或分担，一次投或分期分批投等具体问题，在工办主持下协商解决。

以上粗浅意见，是否有当，请研究。

西工大水中兵器系教授　黄震中

附：我对六机部酝酿中的杭州单建方案的看法

我对六机部酝酿中的杭州单建方案的看法

黄震中

杭州单建归六机部直接领导有很多方便之处，但从全面考虑，权衡利弊，我认为不如赶快确定归西工大好，意见如下：

一、从大干快上早出人才讲

应坚决执行原工办文件，归西工大领导，及早招生，争取时间。考虑到三系归属未定已经八年，经王副总理批准工办正式下达的文件，总结了多年未定的经验教训，考虑到当前形势的需要，定在西工大是比较合适的方案。人心思定，应既定下来干起来，不要再三心二意，引起不必要的波动。留西工大，只要上面办好交接，可以立即招生，且可保证一定教学质量。而如迁杭州，另起炉灶，一切需要从头做起，房屋新建及改建、实验室建设、教学准备、师资补充培养等不是一时可以安排好的，而迁后要达到目前教学水平和条件没有数年的努力是办不到的，而且杭州地址较小，改建存在不少问题。

二、从教学条件和质量看

新建一所院校并保证一定教学质量，不是一件简单的事。若没有十分的必要性，如不下极大决心和强有力的领导，不易办好，弄不好欲罢不能，或勉强办起来而质量大为下降，远非原来所想，宜十分慎重。如就办学最基本因素——人力而论，现在三系只有专业课教师，缺少大部分基础课和技术基础课的教师（近年来添了一些基础课教师，人数很少，且不配套），特别是系里专业大部分以电为主要基础，而目前电工及无线电方面教师全无。当前师资补充无适当来源，即使能补充，培养成长也需要相当时间。如留在西工大，基础课及技术基础课可以不必自己准备，有老校雄厚的基础，可以保证较高质量。对现有教师及新添教师的培养提高，无论学习理论基础、实验技术，或其他有关专业相近课程，在西工大都有极方便的条件，并可相互参考促进。

从教学设备讲，在西工大，专业原有实验设备即可利用，只需陆续兴建一些重点的有特殊要求者，基础课的大量实验设备可完全不管。如迁出一切需新建，原有设备有些还无法搬动，造成浪费。

至于教学科研所需要的图书资料、期刊文献的搜集补充将极为困难，因三系只有一部分专业用的保密资料，大量一般用图书资料皆靠西工大。

三、从发展看是否有单建必要

从对三系所属各专业培养的人才的需求量来说，不是太多，远不能和航空或造船相比，作为西工大一个系是可以满足要求的。如果单建，其专业设备和专业招生人数也大致差不多（原规划教学在西工大5个专业最大规模为在校800人，迁杭拟另添3个通用专业，共8个专业，规模为1500人）。至于单建后另添一些通用专业，那是另一回事，可由另外途径解决。如需通用的机械制造工艺人员，则可以办专修科来解决。国内为数不多的几个鱼、水雷工厂，研究所等所需人员大部分要由其他各种专业来调配，鱼、水雷专业毕业的只是其中需要的一部分。而在各厂、所近年来已有一批基本人员的情况下，今后对本专业的要求更应着重质量，而不是片面追求数量。

为了发展和提高某些专业，加强专业所在某些老校，给予条件，比另建新校要上得快，收效明显，也经济得多。除非需要量特别大的通用专业必要时需另建新校。即使为了发展和提高，如果可能的话，加强和扩充老校比另建新校要快得多。

当然如留在西工大，为了得到应有的发展，也需要工办、三机部和西工大领导的重视，以及六机部经常的关怀和支持，在各种条件方面给予应有的照顾。

四、单建和在综合性院校的比较

现代武器研制所遇到的科学问题日益复杂综合，各学科间关系也更加密切，许多边缘学科陆续出现或向新学科过渡。综合性院校便于相互交流促进且有较强的理论基础，有利发展，如美国麻省理工、加州理工学院等皆为理工科多科性综合学院，有一定好处。在美各高校中航空也只是一个系。如果我们将水中兵器单建一个院，未免过于窄狭，过于单纯，基础不会很强，质量不一定会高。

五、从布点来讲，放在西安比杭州合适

西安地区有三、四、五、六机部所属整套国防工厂和有关研究单位，已建成投产并能开展科研的鱼雷、水雷老厂分布在西安、侯马、太原一带。三系所属水声研究室在今年水声工作会议上确定研究方向为航空声呐，该项研究布点定在西安。

六、（西工大有许多相关专业）

鱼雷兵器实际上是水下导弹，就其所研究的科学系统来说，如受力情况、动力系统、控制、制导、结构等，与航空、火箭极为接近，可资借鉴。放在西工大，有许多有关专业。

七、对搬迁所造成的问题要充分估计

许多院校搬迁的经验教训都说明了这一点，骨干力量和班子的散失短时间难以补上，财力、物力的浪费也不可轻视。如果没有十分的必要性，一动不如一静，搬迁确要慎重。

1978年12月

本文为黄震中应邀参加1978年12月国防工办召集的国防院校教授座谈会时，写给王震副总理有关尽快解决三系定点西工大问题的信。

从黄震中手稿看创办三系的教育思想

◎ 黄震中教授诞辰百年纪念文集编委会

航海学院从1956年建立发展到今天,已经历64年,经过几代人的努力,取得了长足的发展,回顾历史,不忘初心,传承文化,开创未来。在整理黄震中生前遗物时见到几份他的亲笔手稿,记录和反映了当年创办三系过程中的教育思想和实施举措,现加以整理,以供借鉴。

一、怀"科学救国"志,为建设新中国而奋斗

黄震中,1920年12月1日出生在宁夏银川市的一个教师家庭。自小刻苦好学,一心科学救国。他1937年报考清华大学,但因日本侵华,清华停招内迁。1938年考入中央大学,在日寇狂轰滥炸的背景下,完成了大学四年的学习。毕业后的经历,使他深深体会到:"解放前我怀着'科技救国''工业救国'的梦想,学习工程技术,想为'国家'富强做一些事情。但是所见到的是帝国主义的侵略和当时政府的贪污腐化、欺凌压榨,官僚资本大发横财,物价暴涨,百废不举、民不聊生。及至盼到抗日战争胜利,却又见到无端发动内战,接收大员的'五子登科'、崇洋媚外、美军横行,对原来的梦想一次又一次的失望。"

1947年,黄震中留学美国,1948年获得硕士学位后,怀着报效祖国、振兴中华的决心返回了祖国,在新中国建设中奋进。自1949年10月新中国成立起,他先后在兰州大学、西北农学院、西北工学院和西北工业大学为我国高等教育贡献了自己的力量。他深深体会到:"全国解放了,从学习和亲身体验中,深深感受到革命的洪

流洗涤了旧社会的污泥浊水,感到无比清新鼓舞,我愿投身到工程教育事业,将自己仅有的一些'片面'知识,传授给年青一代,希望他们能在祖国建设中有所作为。这些知识来自劳动人民,如不贡献给人民,又有何用?"他用行动践行了自己的理想。

二、勇挑创业重担,填补国家空白

1955年国家为了加强国防建设,决定将西北工学院改制为国防院校,增设新的国防专业,其中包括面向海防的水中兵器专业,黄震中奋勇挑起了这份创业重担。他回忆承接任务的过程时写道:"1955年原西北工学院奉命改为国防工科院校,院长刘海滨同志找我谈话说,为了建设新中国的国防工业基础,需要兴办几个新的国防专业,其中水中兵器系要我负责筹办。对于这一艰巨而光荣的任务,我当即欣然接受。"

建立水中兵器系在我国普通高校中尚属首次,填补国家空白,会遇到许多意想不到的困难。黄震中当时在机械系任机械原理和机械零件教研室主任,对新的专业一点不懂,但下定决心,排除万难。他自己在接受任务时就深深体会到:"这一任务要求我放下原已熟悉的专业知识和工作,去重头开始另一项繁难而生疏的工作",需要"从头摸索,这个任务不轻",而且"这项工作既需要组织领导一批中、青年教师一同去干,也需要自己补充学习新的专业知识。"

1956年黄震中被任命为水中兵器系主任,开始新系的建立工作,并被要求当年开始招生,所面临的困难更大,任务更紧迫,他亲自抓起各项重要工作。他回忆道:"1956年任系主任,负责筹建我国普通高校唯一的水中兵器系,当年招生。亲自主持系内四个专业的专业建设、教学准备、教材编写、实验室建设及开展科研等工作。"

黄震中自1955年起投入毕生的精力,带领一批青年教师,建立起水中兵器教学科研体系。

三、以"三才"建设为纲,奠定三系基础

创办水中兵器专业从哪里入手?黄震中指出:"要想新办专业上得快,必须

及早重视'三才建设'，即人才、教材（包括专业文献资料）、器材（实验室建设）。"建系过程中遵照这一指导思想，教师队伍的建立和培养提高，教材的编写和不断充实完善，教学和科研相结合的特色专业实验室的建立都取得显著进展，水中兵器系完整的教学体系得以建立。

（一）教师队伍建设

黄震中明确指出，"三才建设"中"首要的问题是一支教师队伍的建设"。而教师队伍建设要走"选才和培养"的道路，其中"最根本的关键还在于教师队伍有计划地选才和培养"。

三系的教师队伍"选才"主要来自三个部分，第一部分是西工的相近专业青年教师，第二部分是国内重点高校分配来的教师，第三部分是在高年级学生中选拔的一批优秀预备教师。教师选留后，重要的是通过外出学习、请苏联专家讲学、承担教学和科研任务等多种途径进行"培养"，以提高教师队伍的业务素质和学术水平。他提到使年轻教师"通过各种途径在教学科研工作中不断成长提高"，具体举措有"选派教师外出进修学习""通过实际科研任务调动了年轻的专业科技队伍的极大积极性"等。

三系的教师队伍在"选才"中建立，在"培养"中成长，发展成为一支为国家培育水中兵器高科技人才和可进行科研攻关的优秀队伍。

（二）建立完整的专业教材体系

教材是人才培养的重要基础，教材的质量直接影响教学的质量。黄震中明确指出："教材工作是新专业建设的一项重要内容。在筹建初期就着重抓了各专业课的教材编写工作""各门课程都分配有一人或数人负责准备。"

水中兵器专业的教材，从零开始，从无到有。他带领和指导教师广泛收集国内外的相关资料，认真听取苏联专家的讲学，在消化吸收的基础上，自编出各专业的第一批教材，他提到："时间是紧迫的，到第一届学员上专业课时，各课都有了自编的或参考苏联专家讲稿编写的油印讲义"，从而保证了首届学员的专业课学习需要。

在此基础上，三系又进行了系统的专业教材编写工作。1960年黄震中任国防科委船舶专业教材编审委员会委员，水中兵器和水声教材编审小组组长，负责和主持全国水中兵器及水声教材的编审。1961—1964年，他组织全国相关单位，多次开会协商研讨，确定教材编写大纲要求，落实编写任务，经过努力，编写出版了一大批水中兵器及水声的教材，满足了全国该专业方向上的教材需求。其中"由三系负责编写的有关鱼雷、水雷、扫雷和水声等方面教材24种，均由北京科教出版社出版""这些教材在1966年前一直用作各专业的课本，也是国内水中兵器及水声专业工作者的重要参考资料。"实际上，在1966年后的很长一段时间，这些教材仍然发挥着重要的作用。

解决教材有无问题是第一步，但仍需要与时俱进，不断修改完善，提高质量，反映当时科技发展的最新水平和成果。1979年，在三系回归西工大、停招13年后恢复招生办学，黄震中首先抓起教材修订工作。他回忆道："1979年西工大三系恢复招生，重新被任命为系主任后，把教材的翻新和提高作为教学准备的首要工作。1982年至1983年，组织各专业编印教材30余种，教材在内容上尽可能反映出近20年来国内科研成果和各方面科学技术的发展。"

经过系统地努力，我国水中兵器及水声教材体系逐渐完整建立，更加丰富全面，并引入了新技术和新方向。黄震中还在教师中组织开展了改进课堂教学方法、提高课堂教学效果的活动，有力地促进了学生学习效果和教师教学质量的提高。此外，黄震中对学生的培养注重理论联系实际，在教学计划中安排了多种形式的教学实践环节。

（三）建立有特色的专业实验室

黄震中明确提出，专业实验室和专业资料是"三才建设"中的重要内容，与教学科研同步开展。他回忆道："1956年即开始正式招生，同时组织教师一面学习新专业知识，一面搜集资料……筹建实验室。"水中兵器专业实验室建设缺少参考，经费又不足，白手起家，难度更大。他指出，首先向苏联专家学习，但获得的帮助有限，更多要靠自力更生；与科研密切结合，是实验室建设的有效途径。他总结回忆道："通过实际科研任务……带动了实验基本设施的建设。"经过努力，水中兵器和水声专业教学和科研共用的基础实验室逐步建立，而较大型的实验室如水洞、消声水池、空投水槽等特色专业实验室的建设经历了较长时间，克服了一系列的困难，建立起水平先进的实验室，不但在本系教学科研中发挥了重要作用，而且也在全国本行业的科研中发挥了重要作用。

四、建立完整的水中兵器学科体系

1956年建立的水中兵器系，只有"水雷设计及工艺"和"鱼雷设计及工艺"两个专业。黄震中根据我国水中兵器装备发展的需求，并参考吸收国外的先进经验，不断扩大、完善水中兵器的专业内容。他回忆道："在与苏联专家工作中，知道他们除有和我们相同的鱼雷、水雷专业外，还设有海武器非触发系统专业（即自导与非触发引信），这项内容正是现代鱼水雷所不可缺少的关键部分。同时也感到水下的探测、制导和攻击都离不了水声这门学科。于是（1958年）向学校和部里提出建议，增设'鱼雷自导与非触发引信'及'水声工程'两个专业，并聘请有关苏联专家，得到上级批准。"这样从建系初期就建立起较完整的水中兵器专业体系。

新专业一批准建立，黄震中立即给专业调配了学生，建立了教研室，保证了新老4个专业在1961年都有首批毕业生。他提到当时采取的举措："1958年即赶快抽调骨干教师［陈（次功）、沙（锋）等多人］，准备派人外出学习，积极准备专业和教学工作。安排高年级学生转学（到该专业），到1961年与原鱼、水雷的两个专业同时有第一届毕业生，为国家及早输送了这方面的技术干部。"

在完成完整的一届本科生培养的基础上，不停步地向更高一个层次的学科迈进。1961年就在三系开始招收培养硕士生。黄震中亲自在1961年至1964年，首次培养鱼雷、水雷设计及工艺专业在职研究生各1名，同时联系王宏基教授培养鱼雷动力在职研究生1名。

有了硕士生的培养经历，三系接着开展了硕士点的争取工作并获得成功，使得三系在水中兵器学科建设方面走在全国前列。"1981年任系主任期间，争取到上级的批准，获得鱼雷设计、引信技术、水声工程三个学科的硕士学位授予权。"黄震中也被批准为首批导师。

学科建设从无到有，从本科到研究生，紧凑而有序地发展，引领教学、科研各

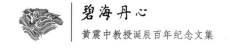

项工作。

五、科研和教学是高校的两个中心,要同步发展

黄震中十分重视科研工作。他认为,"教学和科研是高等学校的两项中心任务,二者互相促进,相辅相成。"他从建系起就领导全系开展了广泛深入的科研工作。他回忆道:"三系在承担4个专业的繁重教学任务的同时,仍不断参加各型号任务,承担各项专题的科研工作。"在科研工作中,他十分重视与兄弟单位的合作关系,指出:"在完成教学任务的同时还重视水中兵器科研工作,大力组织教师开展科研活动,并积极与研究所和工厂建立各种形式的合作。"

三系从建系初期就承担了一批国家重点型号和重点科研攻关项目的研究工作,这些工作除直接完成国家的水中兵器研制与生产任务外,还培养、锻炼了一支能承担水中兵器重点项目的科研队伍,与水中兵器兄弟单位建立了密切的合作关系,为三系后续承接国家重点项目、取得重要科研成果奠定了坚实的基础。他在科研工作方面采取了一系列的有效举措,他回忆指出:"1958年还主持筹建一机部(第一机械工业部)与西工大合办的工业部门第一个水中兵器研究室(后改为所,代号"五零所"),兼任主任。"在黄震中的主持下,"配备了专职兼职人员,建立了专用实验室,完成了系所合一的基建设计,增添了设备和资料,并开始陆续接受海军和部下达的鱼水雷科研任务。"科研工作不仅仅完成了科研任务,同时也锻炼了队伍,促进了实验室建设,充实了教学内容。他指出:"通过实际科研任务调动了年轻的专业科技队伍的极大积极性,锻炼了技术人员,从探索中积累了经验,加强了国内同行技术人员的联系和合作,同时还带动了实验基本设施的建设。"他总结这些举措所取得的效果:"为该系逐步发展成为国内水中兵器教学科研重要基地奠定基础,对我国水中兵器人才培养及科研开展做出了重要贡献。"

黄震中"主持参加并大力组织教师开展科研工作,积极与厂、所协作,添置科研设施,在承担的军工型号及专题研究中都取得不少重大成果"。他在任期间,从1958年开始领导反舰自导鱼雷和航空吊放声呐的研制,先后获得全国科学大会奖及国家科学技术进步一等奖和二等奖。这些科研项目的完成,不但为我国武器装备的发展做出了贡献，而且也显著提高了教师的学术水平。

六、走出去，请进来，学习提高，自主创新

三系建立过程遇到诸多的困难，而最大的困难是建立水中兵器系，这在国内尚属首次，缺乏参考。专业怎么办，教材怎么写，实验室怎么建，基本上是在一张白纸上作画。在争取利用国内外一切可以利用的条件的同时，必须不断学习提高，消化吸收，走一条自主创新的道路。在当时每一步都包含着创新的内容。

建系初期，学习苏联的先进经验，利用好苏联专家短暂的讲学机会，是建系工作的重要环节。黄震中回忆道："在建系之初，高教部于1957年至1960年先后聘请苏联列宁格勒造船学院鱼雷、水雷和自导引信专家三人来系讲学，协助专业建设。"黄震中十分重视这一工作，他"亲自主持专家讲课、教师进修、讲稿资料的译印，认真听取苏联专家的建议，使专家的作用得到发挥。"1958年，黄震中随中国人民解放军军事代表团赴苏联参观考察，他"在了解苏联有关专业科技情况及协助考察组长与苏方会谈技术协作中，利用自己的专业知识和英文俄文水平，圆满完成任务"，还为新办的专业聘请了苏联专家，使那次考察在新专业办学中发挥了重要作用。

黄震中还多次强调："为了适应工作任务的需要，必须不断学习提高，不断补充新知识。"他回忆道："解放后为了学习苏联科学技术知识和适应苏联专家工作要求，我刻苦学习了俄文（主要是自学）。接受筹办新专业的任务后又不断学习新专业内容。""在担任系主任组织领导全系各项工作的同时，还刻苦钻研专业技术，坚持亲自参加鱼雷设计及工艺专业的教学、科研、教材编写、研究生培养等工作。"

七、三系回归西工大是快速高质量办学的优选方案

1970年因为国家管理体制的变化，西工大归航空工业部（三机部）领导，三系离开了西工大，归造船工业部（六机部）领导。六机部决定，西工大三系与哈军工

三系合并建立船舶工程学院。但因选址困难,长期没有建院。1975年六机部批准哈军工三系在哈尔滨单独建院,成立"哈尔滨船舶工程学院",同时要求西工大三系单独选址建院。系领导经过努力,选址西安、杭州、镇江均有很多困难,到1977年已经12年没有招生,国家急需水中兵器专业人才。黄震中认为"单建归六机部直接领导有很多方便之处,但从全面考虑,权衡利弊,我认为不如赶快确定归西工大好。"三系回归西工大是尽快招生、高质量办学的最佳途径。在他与三系领导的共同努力下,国务院国防工办于1978年2月18日下文[(78)办科字75号]决定:将水中兵器系划归西北工业大学建制,并要求1978年开始招生。但1978年未能落实。

为促成该文件的落实与执行,黄震中利用应邀参加1978年12月国务院国防工办召集的"国防院校教授座谈会"的机会,给主管国防工办的王震副总理写信,信的标题为"请迅速解决水中兵器系悬了9年的定点问题以便尽早招生",他在信中表示:"应坚决执行王副总理批准工办下达的文件,将三系交西工大领导,在工办主持下迅速解决两部交接问题,早日招生。"信中态度鲜明地说明定点西工大比另建新校可快速高质量发展的七点优势。该意见受到国防工办领导的重视,"在总结会上主持会议的王震副总理讲话中谈到三系仍归属西工大,并尽快招生。"黄震中在三系回归西工大的重要时刻发挥了关键作用。

1979年在上级重视、三系领导的持续努力下,国防工办主持三、六机部迅速达成交接具体协议,并实现了三系回归西工大。时任三系副主任的刘锋同志为三系的回归落实做了许多细致的具体工作。

三系回归西工大,为水中兵器等相关学科在西工大优良的多学科环境中得以快速高质量发展提供了新的机遇,也使西工大在全国高校中独具的航空、航天、航海的"三航"特色得以确立。

八、办好学会学刊,促进学术交流

黄震中十分重视水中兵器学会和水中兵器学刊的工作。早期水中兵器属国家兵器口领导,他积极参与创建中国兵工学会水中兵器学会。随着国家管理体制的调整,水中兵器又划归六机部领导,他又积极参与国内唯一的水中兵器专业学术交流组织——中国造船协会水中兵器委员会的筹备和建立。他回忆道："1964年任首届中国兵工学会水中兵器学会副主任委员""1979年参加中国造船学会水中兵器学术委员会的筹备工作，1980年正式成立学术委员会后连任副主任委员、会刊《水中兵器》编委会主委、中国造船工程学会理事等职。"

办好学会的学刊是进一步提高学术交流质量的重要方面。1980年中国造船工程学会水中兵器学术委员会成立后，于1982年创办了会刊《水中兵器》，黄震中一直担任编委会主任委员。黄震中认真组织并积极参与每年的学会学术交流活动、主持会刊《水中兵器》的编委会工作会议，组织落实各项工作。到20世纪90年代初期，水中兵器专业学术活动，呈现了繁荣、活跃的新局面。国内水中兵器专业的科研、教学、生产、部队使用单位等，都踊跃地参加到学术交流活动中，推动了学术水平的提高，促进了水中兵器科研事业的发展。黄震中对水中兵器专业学术交流做出重要贡献。

黄震中是我国水中兵器学会的奠基人之一，也是学刊《水中兵器》的主要创建者。他亲自领导组织并带领三系教师积极参加全国水中兵器领域的学术交流，促进了水中兵器行业学术水平的提高，也扩大了三系在行业的学术影响。

九、为国家育才，莫大光荣

"忠诚党的教育事业"是他终生奋斗的宗旨，育才光荣，桃李华夏。他认为"为社会主义建设培养人才，一向引为莫大光荣，也是精神上的极大安慰。"他发自内心的话语是"'得英才而教之'是人生一大快事，也是人民教师的莫大光荣。作为人民教师只有从'桃李满门''青出于蓝'中获得辛勤耕耘的精神安慰，虽然自己在他们的成长过程中仅提供了很少的'乳汁'。"

当他看到培育出的学生在祖国的各行各业发挥了重要作用时，他深有感触地说："36年来自己所教过的学生走向祖国社会主义建设的各个岗位，遍及许多省区。每当我走到祖国各地，从沿海到内地，从东北到西南都会遇到他们的踪迹，见到他们都在为祖国四化建设而忘我工作着，或是每当我听到他们茁壮成长、在工作中做出优异成绩的消息时，我感到极大欣慰。"

十、身教为先，克己奉公，严格要求自己

黄震中十分重视教师的思想作风建设。他认为，教师应注重言行举止，更应看重身教为先。作为教师只有严格要求自己，克己奉公，严谨求实，以身作则，方能为人师表。

他认为："面对学生的教学工作，既要严格要求，又要启发诱导，培养其自学能力和独立思考能力。在与学生接触中（课内或课外），时时注意到人民教师的职责不仅是'知识的传授'，还必须注意自己的一言一行对学生潜移默化的影响。"

教师必须严格要求自己，他认为"为人师表必须严格要求自己，处事待人也必须严格要求自己"，"对自己的言行要考虑影响"。

黄震中认真从业、严谨治学。他表示："对我所经手的工作，无论是起草文件或审改文件、作业，都字斟句酌，一丝不苟，甚至不放过每一个错别字和符号。我认为这是一个对待工作的态度问题，也是一个治学态度问题。"

克己奉公，不搞特殊化是黄震中的行为准则，他将此落实到工作的方方面面。他回忆道："每年假期学校或工会常组织教工到各地'疗养''休养'，但我一次也没有参加过。当时总是有工作丢不下来，认为'休养'是以后的事，现在还应多做些事。""在财务上要公私分明，克己奉公。在领导岗位上更不能特殊化。""我所用的办公桌从1957年到现在（1986年）还是那张老的桌子。""三十年来一直和教研室的同志们在同一房间坐，共同工作和学习。""我虽然长期担任系领导工作，但作为党员我时刻注意不能特殊。"

黄震中一生坚定不移地履行着人民教师的职责，他的言行举止是人民教师的模范。

十一、为水中兵器事业奋斗终生

黄震中总结自己奋斗的历程："我自1955年以后，三十多年来的全部精力和时间都用在这些专业的建设和具体教学、科研工作中，为填补我国国防专业的这一空白做了应有的贡献。"

黄震中在为国家水中兵器事业努力工作的道路上也不是一帆风顺的。面对1966—1977年间受到的不公正对待，黄震中仍能忠诚党的教育事业，坚定科技报国的决心，在人民教师的岗位上尽职尽责。

1983年他离开了领导岗位，但仍然全力奋战在教学和科研的第一线，他回忆道："我从行政领导的一线，又转入了具体的教学、科研工作的第一线。现仍继续从事讲课、指导研究生、编写教材、科研等具体工作，和一些社会活动，常以'老骥自知夕阳短，不用扬鞭自奋蹄'以自勉。"

黄震中教授的一生是为水中兵器事业奋斗的一生。他自1955年起接受创办水中兵器系的任务，1956年担任系主任，直到1989年退休，历时30多年。他的教育思想、治学学风、工作作风在他的教育实践中得到了充分的体现和发挥。他严谨求实、奋进创新、以身作则、无私奉献的榜样风范，也深深地影响了他身边的教师和他的学生。这种起始于老三系一代人的创业教育思想和良好思想作风，经过几代人的奋进努力，充实完善，得到了很好的发扬和传承，也形成了航海学院具有特色的航海精神，成为航海学院宝贵的文化和思想财富，以及不断前进的动力。

本文参考黄震中亲笔文章《水中兵器系诞生和成长过程中的片段回忆》《黄震中自传》《黄震中简介》《就三系定点回归西工大问题给王震副总理的信》《黄震中"文革"平反后写给校党委的材料》《黄震中介绍（军工史：鱼雷史料专辑）》等。

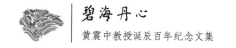

黄震中生平年表

1920年12月1日	生于宁夏银川一个教师家庭,湖南省长沙市人,汉族。
1938年9月至1942年8月	中央大学机械工程系学习,获学士学位。
1942年至1943年	重庆,大渡口钢厂,技术员。
1946年至1947年	兰州,中央工业研究所,工程师。
1947年12月至1949年3月	美国,衣阿华州立大学(Iowa State University)学习,获硕士学位。
1949年4月	乘客轮返回祖国。
1949年至1950年	兰州工业研究所,工程师。
1949年10月至1950年	新中国成立,兰州大学,教授。
1950年至1956年	西北工学院,教授,机械原理及机械零件教研室主任。
1950年至1952年	西北农学院,兼职教授。
1952年至1997年	先后任九三学社陕西省委委员会委员,西安分社委员,西北工业大学支社主任委员。
1955年秋	应西北工学院院长刘海滨约谈,承担筹建国防专业"水中兵器系"(三系)的任务。
1955年秋	作为新专业"水中兵器系"的负责人,赴哈尔滨军事工程学院和北京工业学院调研,初步制订各专业的教学和课程设置计划。
1956年	西北工学院正式任命黄震中为三系系主任,负责建立我国普通高校中唯一的水中兵器系,先后设"水雷设

	计及工艺（代号31）""鱼雷自导与非触发引信（代号33）""鱼雷设计及工艺（代号35）"和"水声工程（代号37）"四个专业。
1956年	周恩来总理亲自主持召开了我国12年科学技术发展规划会议，黄震中作为海军水中兵器规划组重要成员参加了会议，水中兵器规划组对我国水中兵器科研、教学、生产的建设与发展作了全面安排。
1956年8月	率领中青年骨干教师20余人，前往哈尔滨军事工程学院考察并研修学习。
1956年9月	水中兵器系首次招生。
1956年起	带领全系教师先后建设成水平先进、特色鲜明的专业实验室20多个。如独创的"空投水槽实验室"，后发展成为亚洲稳流速最高的"水洞实验室"；"小型消声水池"，后发展为当时全国最大的"大型消声水池"；独具特色的"鱼雷运动模拟实验室"；特色鲜明的"舰船声、磁、水压物理场仿真实验室"；等等。
1957年	西北工学院与西安航空学院合并，成立西北工业大学。水中兵器系转入西工大，继续担任系主任。
1957年至1989年	西北工业大学，教授，系主任。先后任校务委员会委员，校学术委员会委员，校学位评定委员会委员，校职称评定委员会委员，校学报编辑委员会副主任委员等。
1957年至1960年	先后邀请并主持三位苏联专家［札阿洛夫（水雷）、索洛维耶夫（鱼雷）、高洛霍夫（自导与非触发引信）］来校讲学。
1957年	制订了我国第一部水中兵器专业教学计划。
1958年	向学校和上级提出建议，增设"鱼雷自导与非触发引信"及"水声工程"两个专业，并聘请有关苏联专家，得到上级批准。

1958年	加入中国共产党。
1958年8月至9月	作为中国人民解放军军事代表团成员赴苏联访问考察，协助考察组长与苏方会谈技术协作，对列宁格勒造船学院进行考察，并联络续聘专家来校讲学。
1958年至1961年	1958年8月主持建立第一机械工业部与西工大合办的工业部门第一个"水中兵器研究室"，1960年改为研究所，先后任室主任、所长。
1958年及以后	主持、参加并组织教师开展水中兵器科研工作，积极与厂所合作，承担军工型号及专题研究项目，其中科研成果曾获全国科学大会奖及国家科技进步一、二等奖等。
1960年	任国防科委船舶专业教材编审委员会委员、水中兵器和水声教材编审组组长。
1961年	为国家输送31、33、35、37四个专业的首届毕业生（到1966年前为国家输送以上专业毕业生1300余人）。
1961年至1964年	担任导师，培养我国鱼雷专业和水雷专业首批自培研究生。
1961年至1964年	负责并组织三系编写并出版鱼雷、水雷、扫雷和水声专业教材24种。
1962年	编著并出版我国第一部《鱼雷总体设计》专著。
1964年	任首届中国兵工学会"水中兵器学会"副主任委员，并于次年成功召开"全国水中兵器第一次学术交流大会"。
1970年	三系归属六机部领导。
1978年12月1日	西北工业大学党委做出对黄震中同志的平反决定。
1978年12月	参加国务院国防工办召开的"国防高校教授座谈会"，给主管国防工办的王震副总理写信，请求迅速解决水中兵器系悬了9年的定点问题，以便尽早招生。王震副总理在总结会上谈到，三系仍归属西工大，并尽快招生。1979年得到落实。

1979年	三系回归西工大,再次被任命为系主任。三系自1966年停招13年后首次开始招生。
1980年至1992年	任中国造船工程学会理事(连任三届)。
1980年	"中国造船学会水中兵器学术委员会"成立,任副主任委员,并连任四届。
1980年至1997年	水中兵器学会会刊《水中兵器》建立并任编委会主任。
1980年(80年代初)	为适应恢复招生后各专业办学和扩大面向的需求,领导三系编写出版新的专业通用教材30多种。
1981年	"鱼雷设计""引信技术""水声工程"3个学科获批硕士学位授予权,并成为首批导师。
1983年至1989年	根据中央领导班子年轻化精神,不再担任系主任,继续从事教学、科研及研究生培养等工作。
1988年	国防科工委授予"献身国防科技事业"荣誉证书及证章。
1989年	退休。
1990年	国家教委颁发"从事高教科技工作40年成绩显著"荣誉证书。
1991年10月1日	国务院发放"政府特殊津贴"并颁发证书,表彰为发展我国高等教育事业做出的突出贡献。
1992年2月28日	航空航天工业部授予"有突出贡献专家"称号,表彰为我国航空工业做出的突出贡献。
1997年7月26日	逝世。
2000年12月	入选《中国科学技术专家传略》(航空卷2)。
2014年5月	入选《21世纪中国知名科学家概览》(力学卷)(国家重点图书,钱伟长主编,科学出版社出版)。

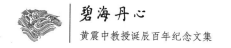

结　束　语

CONCLUSION

在黄震中先生百年诞辰之际，西北工业大学航海学院编撰了《碧海丹心——黄震中诞辰百年纪念文集》，以缅怀我国水中兵器教育事业的奠基人和创业者。本书大致分为黄震中生平介绍、纪念文章、从黄震中手稿看创办三系教育思想、黄震中生平年表四部分，并附有黄先生照片和手稿影印件，皆是珍贵资料。经过一年的努力，纪念文集终于面世。

本书共收录纪念文章40篇，曾担任学校领导的傅恒志院士和李保义老师，高度赞扬了黄先生对国家和学校的贡献；昔日曾受教于黄先生，如今已成为相关领域专家并做出杰出贡献的马远良院士、徐德民院士在文章中饱含深情地回忆了跟随黄先生在西工大航海学院（当时为三系）求学和创业的生涯，文章中充满了对黄先生高尚品德、师德的赞颂和敬仰，表达了对老一辈科技工作者的敬意，好的老师是一辈子的财富，黄先生便是人生路上的指路明灯；跟黄先生共事过的专家和教师们，在纪念文章中回忆了与黄先生一起工作的难忘岁月，并表示黄先生对事业忠心耿耿、对工作一丝不苟、对同志平易近人的精神风貌给他们留下了深刻印象。

航海学院十分重视此次纪念活动，两年前已启动了黄震中诞辰百年纪念活动筹备工作，向曾与黄先生共事过的各界专家、领导及师生们发出了邀请函，得到了他们的积极响应与大力支持，经过编委会与各位作者的沟通和协商，纪念文集最终面世。参与纪念文章撰写的专家和教师们多为高龄，大多已年逾八十岁，甚至有几位九十多岁的老教授，有的在身体抱恙的情况下，仍旧热情响应，主动撰稿，给了我们宝贵的支持。他们的纪念文章既是对黄先生的深切怀念，又是对我国水中兵器科教事业发展的历史记录，也是对年轻一代传承文化、振兴中华的殷切期盼。在此，编委会对来稿的各位领导、专家和教师表示衷心感谢！

遗憾的是，王祖荫老师在本书出版之前不幸去世。王老师十分关心纪念文集的进展，积极撰稿，提供宝贵历史照片，并多次询问修改，在此，编委会向王老师家属表示深切慰问，并对王祖荫老师表示感谢！

因能力有限，时间紧促，纪念文集在某些方面存在不足，还请谅解。

斯人已逝，航海学院将循着老一辈航海人的足迹，继承先辈遗志，胸怀航海精神，高举科技报国旗帜，继续为中华民族的伟大复兴和海洋强国事业输送人才，贡献力量！纪念黄震中教授等老一辈科技工作者为我国教育和国防科技事业做出的贡献，发扬他们的教育思想和敬业精神，让它成为航海人血液中流淌的红色基因和蓝色报国情怀。

海天阔，风正举，扶摇直上九重天；

红心正，蓝海梦，下探九渊八万里！

黄震中教授诞辰百年纪念文集编委会

2020年11月